CW01633692

LA GRANDE MURAILLE

长城

Dong Yaohui

LA GRANDE MURAILLE

Les secrets de sa construction

Traduit de l'anglais par Patrice Ghirardi

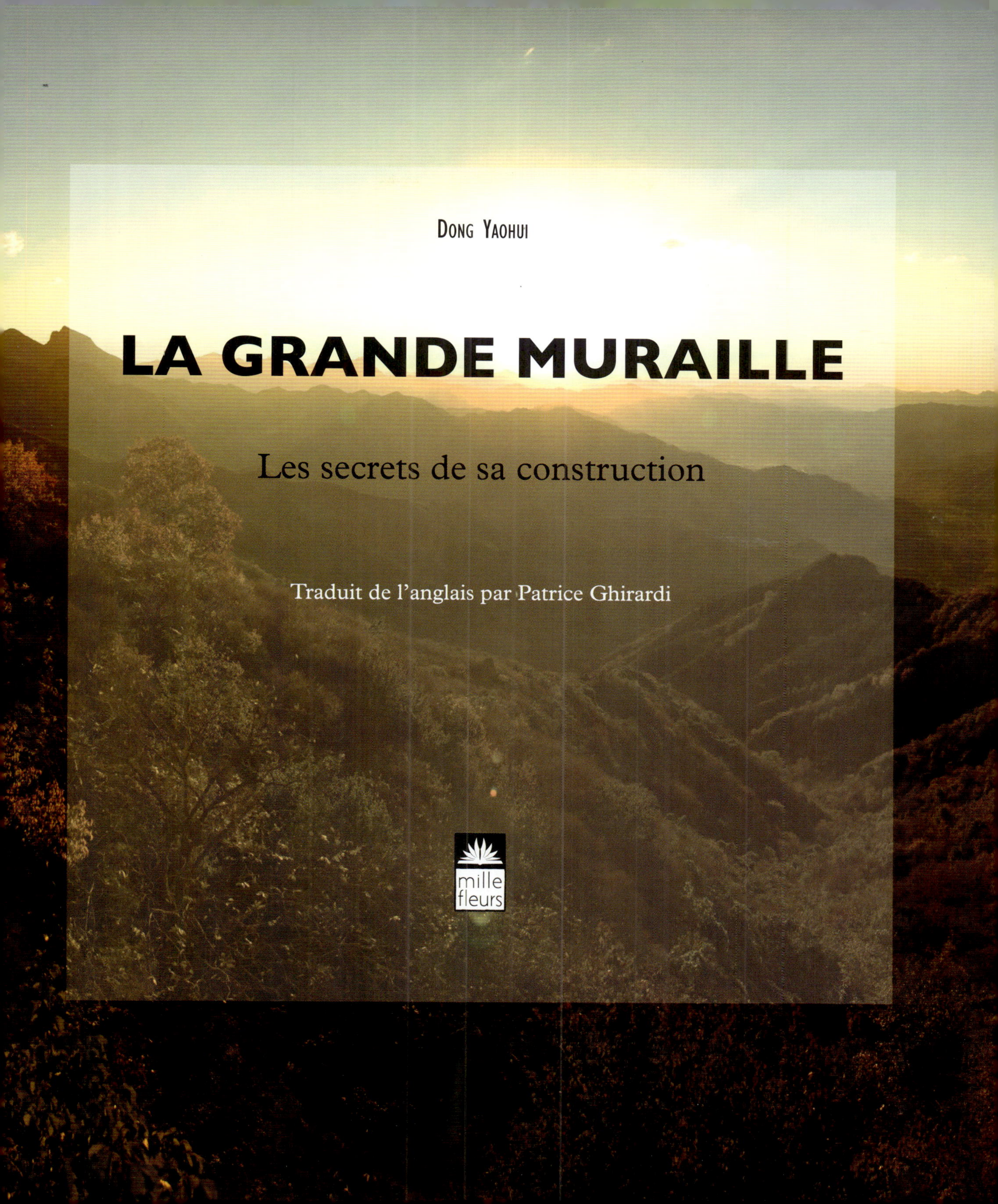

mille fleurs

Crédits des images
© Phoenix Science Press, Ltd pour toutes les images à l'exception des suivantes : pp. 39, 46-47, 66, 67 : © Ph. C ; p.10 : © Fotolia /Trudy Simmons ; p.12 : © Fotolia/Camp's ; pp. 22-23, 115 : © Fotolia/JonRob ; p. 76 : © Fotolia/Pius Lee ; p. 78 : © Fotolia/Clément Billet ; pp. 88-89 : © Fotolia/Staskulesh/Sliday ; pp.98-99 : ©Fotolia/Bourbon numérik ; p.114 : © Fotolia/Sébastien Maleville ; p.167 : © Fotolia/XtravaganT ; pp.2-3 : © Getty images/David H. Collier ; pp.140-141 : © Getty images/Doug McKinlay ; pp. 150-151 : © Getty images/View Stock ; pp. 162-163 : © Getty images/Frank Lukasseck.

Titre original : *Throughout the Great Wall*

Tous droits de reproduction, de traduction et d'adaptation réservés pour tous pays.
© 2009, Phoenix Science Press, Ltd pour le texte.
© Centenaire Éditions, MilleFleurs, 2013, pour la traduction et l'adaptation en français, les plans et les cartes.
ISBN : 978 2854390 445

Imprimé en Chine en juin 2013.
Dépôt légal : septembre 2013.

SOMMAIRE

CHRONOLOGIE DES DYNASTIES

2100 à 1600 av. J.-C.	Dysnastie des Xia
1600 à 1100 av. J.-C.	Dynastie des Shang
1100 à 256 av. J.-C.	Dynastie des Zhou
	Zhou occidentaux (1100 à 771 av. J.-C.)
	Zhou orientaux (770 à 256 av. J.-C.)
	Période des Printemps et des Automnes (770 à 476 av. J.-C.)
	Période des Royaumes Combattants (476 à 221 av. J.-C.)
221 à 206 av. J.-C.	Dynastie des Qin
-206 à 220 apr. J.-C.	Dynastie des Han
	Dynastie des Han occidentaux (-206 à 9 apr. J.-C.)
	Dynastie des Xin (9 à 23)
	Dynastie des Han orientaux (25 à 220)
220 à 265	Trois Royaumes
	Wei (220 à 265)
	Shu (221 à 263)
	Wu (222 à 280)
265 à 420	Dynastie des Jin
	souvent regroupée avec la dynastie de Sud sous le terme des Six Dynasties
	Jin occidentaux (265 à 317)
	Jin orientaux (317 à 420)
317 à 589	Dynastie du Sud
	Liu Song (421 à 479)
	Qi du Sud (479 à 502)
	Liang (502 à 557)
	Chen (557 à 589)
386 à 581	Dysnastie du Nord
	Wei du Nord (386 à 535)
	Wei orientaux (534 à 550)
	Wei occidentaux (535 à 556)
	Qi du Nord (550 à 577)
	Zhou du Nord (557 à 581)
581 à 618	Dynastie des Sui
618 à 907	Dynastie des Tang
907 à 960	Cinq Dynasties (dans le Nord)
907 à 979	Dix Royaumes (dans le Sud)
907 à 1125	Dynastie des Liao
960 à 1279	Dynastie des Song
1115 à 1234	Dynastie des Jin
1271 à 1368	Dynastie des Yuan
1368 à 1644	Dynastie des Ming
1644 à 1911	Dynastie des Qing
1912 à 1949	République
Depuis 1949	République populaire

CARTES ET PLANS DE LA GRANDE MURAILLE ET DE QUELQUES-UNES DE SES PASSES

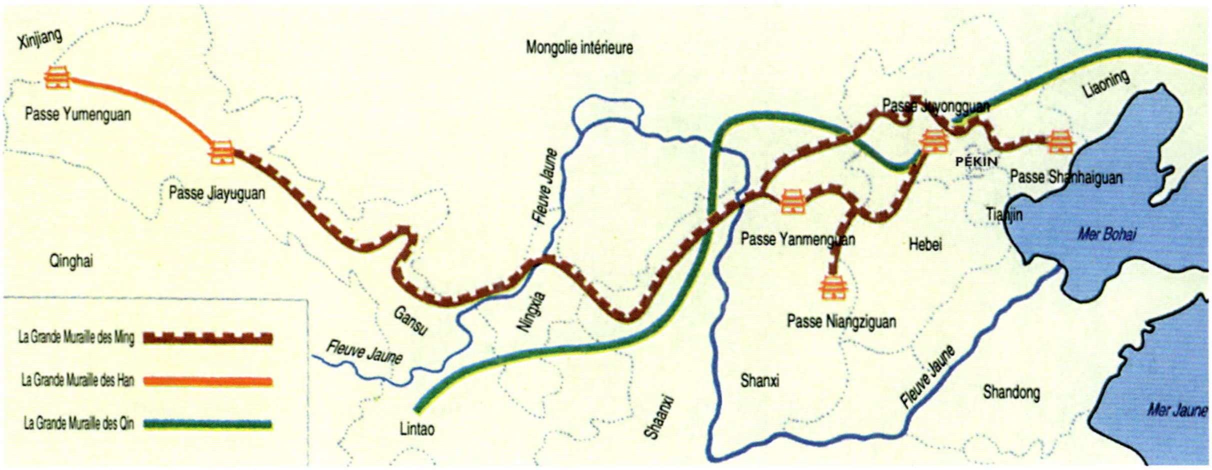

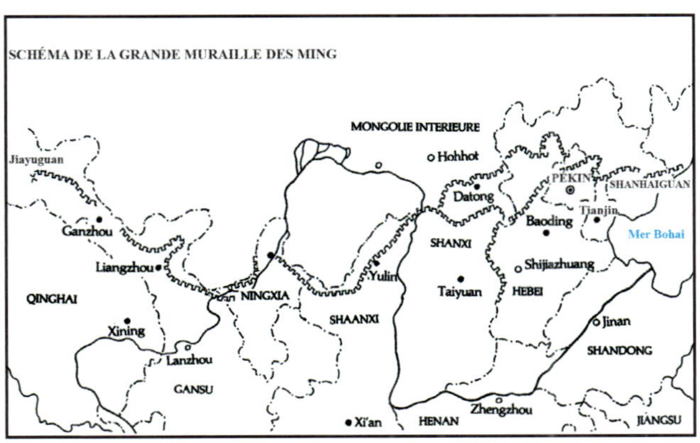

SCHÉMA DE LA GRANDE MURAILLE DES MING

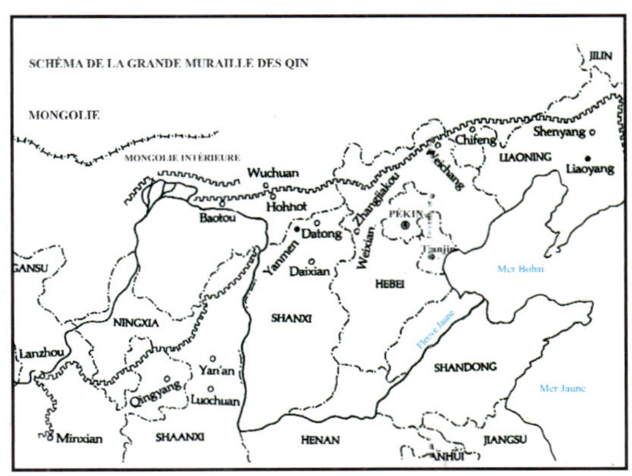

SCHÉMA DE LA GRANDE MURAILLE DES QIN

SCHÉMA DE LA GRANDE MURAILLE DES HAN
MONGOLIE
JILIN
XINJIANG
Lop Nur
Dunhuangjun
Yangguan
Yumen
GANSU
Jiuquanjun
MONGOLIE INTÉRIEURE
Liaoxijun
Shenyang
Hohhot
PÉKIN
Tianjin
Mer Bohai
Shuofangjun
Zhangyejun
Wuweijun
Yinchuan
QINGHAI
Wuwei
Xining
Shijiazhuang
Taiyuan
HEBEI
SHAANXI
NINGXIA
SHANXI
Jinan
SHANDONG
HENAN
Lanzhou
Mer Jaune

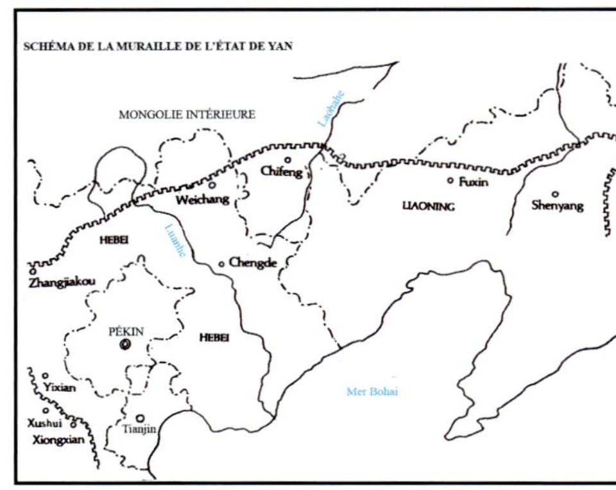
SCHÉMA DE LA MURAILLE DE L'ÉTAT DE YAN
MONGOLIE INTÉRIEURE
Chifeng
Weichang
Fuxin
LIAONING
Shenyang
HEBEI
Zhangjiakou
Chengde
PÉKIN
HEBEI
Mer Bohai
Yixian
Xushui
Xiongxian
Tianjin

SCHÉMA DE LA MURAILLE DE L'ÉTAT DE QI
Mer Bohai
HEBEI
Fleuve Jaune
Jinan
Zibo
Jimo
Tai'an
Jiaonan
HENAN
SHANDONG
Mer Jaune
Qufu
Rizhao
ANHUI
JIANGSU

SCHÉMA DE LA MURAILLE DE L'ÉTAT DE ZHAO
MONGOLIE INTÉRIEURE
Wuchuan
Zhangbei
Baotou
Hohhot
Zhangjiakou
PÉKIN
Datong
HEBEI
SHANXI
Handan
Feixiang
SHAANXI
Anyang

PLANS DE QUELQUES-UNES DES PRINCIPALES PASSES

(À partir de la page 137)

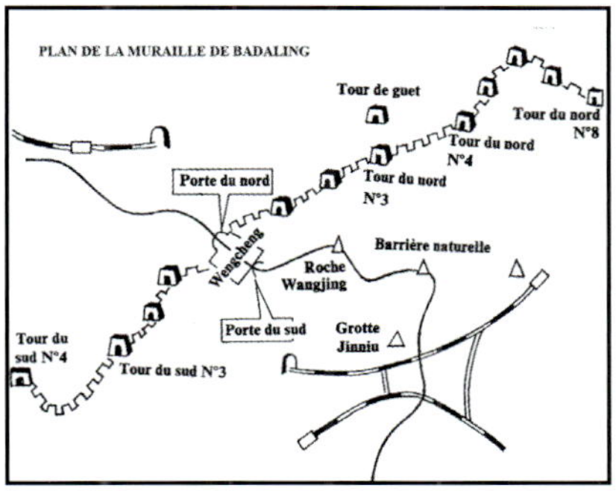

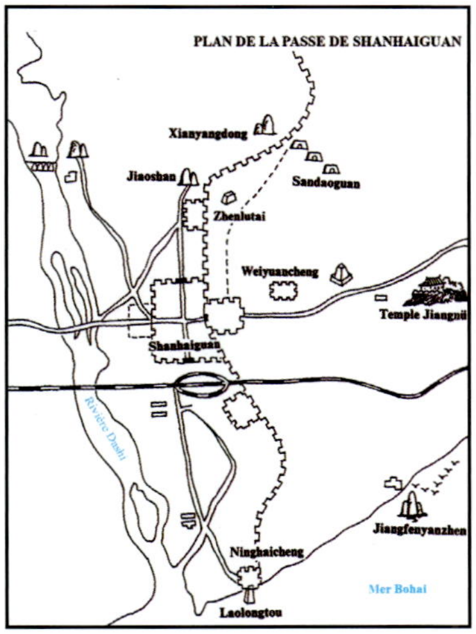

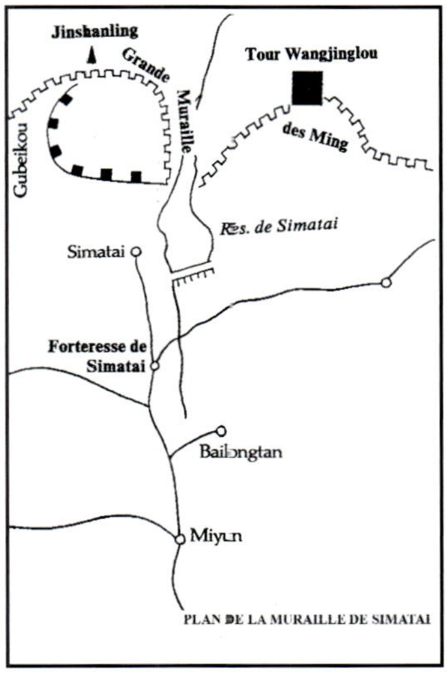

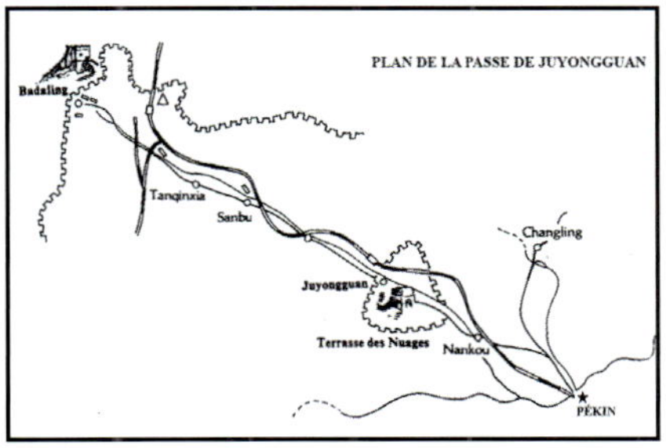

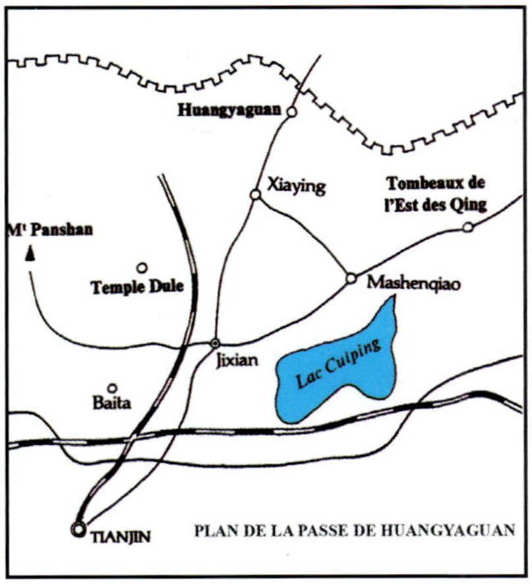

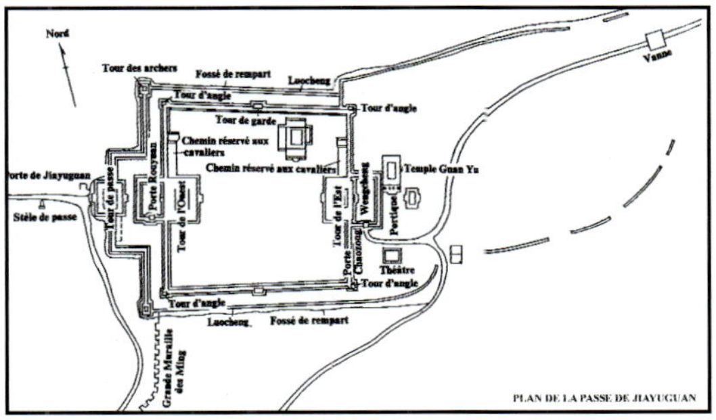

INTRODUCTION

La Grande Muraille, symbole de la Chine, résume à elle seule l'histoire et la culture chinoises. Elle est classée au patrimoine mondial de l'UNESCO depuis 1987.

Sa construction, qui dura une vingtaine de siècles, commença à l'époque des Printemps et des Automnes au VIIe siècle avant notre ère et se termina à l'époque de la Dynastie des Ming au XVIIe siècle, après avoir traversé les différentes dynasties chinoises.

Si la Grande Muraille était démantelée, on pourrait construire une route de 10 mètres de large et 35 centimètres d'épaisseur qui encerclerait deux fois la Terre.

Chapitre 1

LE RÔLE DE LA GRANDE MURAILLE

长城

Historiquement, la Grande Muraille doit son existence à la nécessité d'une protection fiable et permanente contre les conflits guerriers. Quand on songe à la Grande Muraille, on imagine volontiers un rempart destiné à des actions offensives et défensives, un lieu propice à l'héroïsme des combats ; or, techniquement parlant, ce n'était pas son objectif premier. Prise comme un tout, la Grande Muraille a été pensée pour optimiser un système global de défense, un moyen préventif contre la guerre. Les batailles l'ont relativement épargnée, et rares sont ses portions qui ont été témoins de véritables conflits militaires.

En tirant profit des barrières naturelles de l'environnement, les bâtisseurs de la Grande Muraille ont relié des remparts les uns aux autres, des forteresses isolées à d'autres forteresses isolées, ils ont élevé des tours de guet, tracé des routes, et construit des bastions.

Dans ce système défensif, les remparts constituent l'épine dorsale tandis que les passes (portes) offrent la profondeur stratégique.

Chaque section de la Grande Muraille couvre des milliers de kilomètres qui, mises bout à bout, forment une structure linéaire unique au monde.

Un besoin de sécurité

Les premières constructions de la Grande Muraille remontent à la période des Printemps et des Automnes (première partie de la Dynastie des Zhou orientaux qui va de 771 à 481 av. J.-C.), même si l'emploi du rempart comme moyen de défense date, lui, d'une époque antérieure.

Les douves et les remparts de ces premières constructions répondaient avant tout à un besoin de protection contre les bêtes sauvages, d'une part, en les empêchant de franchir ces fosses profondes et d'autre part contres les tribus hostiles. Pour se protéger des attaques surprises des plus puissants de leurs voisins, tous les États dotèrent leurs frontières de remparts en série (*liecheng*) et de digues. Certains

États relièrent ensuite les remparts entre eux par des murailles, choisissant également de fermer les passes.

D'autres, dont les grands fleuves constituaient des frontières naturelles, élargirent les digues existantes et renforcèrent leur sécurité par des places fortes.

C'est ainsi que, section après section, naquit la Grande Muraille, ce rempart défensif d'une longueur de plusieurs milliers de *li*[1].

La Grande Muraille continua à prendre forme lorsque les dynasties des Qin (de 221 à 206 av. J.-C.) et des Han (de -206 à 220 apr. J.-C.) la développèrent pour se défendre des attaques de tribus nomades venues du Nord. Ils lui rajoutèrent des remparts en série et de nombreuses forteresses.

Plus tard, les guerres à répétition nécessitèrent l'adjonction à la Grande Muraille de plus en plus d'ouvrages militaires, de fortins et de remparts. Des tours d'alarme furent érigées sur les hauteurs, à intervalles réguliers, de part et d'autre de la Grande Muraille, servant de relais d'infor-

1. Ancienne unité de mesure: 1 *li* mesurait 500 mètres env. (NdT).

mations des postes de commandement militaire jusqu'aux capitales des différents États.

Une garantie de paix et de sécurité

Quels que fussent les régimes, les populations agricoles des Plaines centrales de Chine ont toujours vécu sous la menace des invasions nomades du Nord.

Entre l'Âge de pierre et les périodes des Dynasties des Shang (de 1570 à 1045 av. J.-C.) et des Zhou (de 1046 av. J.-C à 256 av. J.-C.), deux vastes régions, aux économies très contrastées – l'une basée sur le nomadisme dans le Nord et l'autre sur l'agriculture dans le Sud – se sont développées.

La première, aux populations en constants mouvements, occupait les plateaux et les déserts de Mongolie. La seconde construisait ses habitats dans les vallées des fleuves Jaune et Yangzi Jiang. La disparité entre le Nord nomade, couvert de vastes prairies propices à l'élevage, et le Sud fermier, dont la subsistance reposait sur la fertilité naturelle des vallées alluviales et des piémonts permettant l'agriculture, ne se limitait pas seulement au domaine économique, elle était aussi de nature culturelle. Les deux modes de subsistance étaient complémentaires mais également conflictuels et, bien que nombreux, les échanges commerciaux n'en étaient pas moins source de violentes frictions.

L'invention de la selle et du harnais, en Chine aux alentours du IVe siècle avant J.-C.[2], facilita la formation d'une cavalerie légère particulièrement efficace, qui offrait un avantage stratégique considérable aux nomades du Nord lors de leurs incursions militaires imprévisibles et foudroyantes au détriment des communautés fermières du Sud. Ces dernières vécurent longtemps sous la menace de ces actions, et avant la construction de la Grande Muraille, aucune barrière naturelle ne séparait ces deux vastes régions. Sans pour autant pouvoir résoudre définitivement le problème des intrusions des peuples nomades, les dirigeants des communautés fermières cherchèrent à développer un système

2. On a retrouvé sur les ornements de certains objets domestiques de cette période des scènes de travaux agricoles. Il existe, par exemple, un coffre laqué sur lequel est représenté un cheval équipé d'un joug placé autour de la poitrine d'où partent des rênes reliées aux brancards d'un chariot. Ceci a permis de dater l'abandon du harnais primitif qui, lui, était serré autour de la gorge du cheval et qui l'étouffait une fois l'effort entamé (NdE).

fonctionnel de défense avec la construction la Grande Muraille. Mais pour impressionnants qu'ils fussent, ces nouveaux remparts ne pouvaient détruire la cavalerie ennemie, leur efficacité se résumant à la refouler.

La portion de la Grande Muraille bâtie par la Dynastie des Ming (de 1368 à 1644) est la plus remarquable autant par sa dimension et que par la qualité de sa construction.

Les dirigeants chinois de cette dynastie arrivés au pouvoir après avoir renversé la dynastie mongole des Yuans[3] demandèrent l'aide des populations Jurchen[4] afin de contenir les éventuels assauts mongols, toujours considérés comme de redoutables adversaires. Ces actions communes finirent par soumettre toutes les branches des tribus mongoles, les unes après les autres, à l'empereur de la Dynastie des Ming; cependant, jusqu'aux pourparlers de Paix menés par Longqing avec les Mongols, la situation demeura instable. Ming Longqing, le douzième empereur de la Dynastie des Ming (né en 1537 et mort en 1572), repoussa l'armée mongole de Altan Khan qui avait réussi à pénétrer dans le pays par la Grande Muraille et avait pratiquement atteint Pékin avec ses troupes. Le traité de paix permit la naissance d'échanges commerciaux de chevaux contre de la soie.

Puis dès 1616, les Jurchen, jusqu'alors alliés des Ming, se soulevèrent contre eux, prirent progressivement le pouvoir de l'ensemble de la Chine et provoquèrent les derniers soubresauts de la Dynastie des Ming avec la prise de Pékin en 1644. Pendant les 270 ans qu'a duré cette dynastie, sous le règne de ses seize empereurs, les travaux de fortification et d'amélioration de la Grande Muraille se sont poursuivis sans relâche.

Développement et prospérité des régions frontalières de part et d'autre de la Grande Muraille

La Grande Muraille a fortement contribué au développement économique de ses régions frontalières.

La culture chinoise repose traditionnellement sur une économie agricole et les ouvrages défensifs de la Grande Muraille, le long de la frontière nord, reflètent le

3. Dynastie fondée par Kubilaï Khan et couvrant la période de 1271 à 1368 (NdÉ).
4. Peuple vivant en Mandchourie, qui se fit appeler «mandchous» après leur invasion de la Chine (NdÉ).

souci de préserver cette civilisation agricole dont les fondations, le développement puis la sécurité ont été rendus possible par la construction de remparts de protection.

Pendant la construction hâtive des districts frontaliers du Nord, sous les dynasties des Qin et des Han, les déplacements de plusieurs milliers de civils et de millions d'hommes de troupe répartis par garnisons ont permis la mise en œuvre et l'exploitation d'une nouvelle économie agricole dans ces régions. Les progrès technologiques et les modes d'organisation des Plaines centrales rendirent possible et efficace une vaste politique de défrichage et d'assainissement des terres, accomplie la plupart du temps par l'armée. Les frontières furent consolidées et on introduisit un système administratif nouveau, basé sur la création de préfectures et de comtés.

La Grande Muraille servit d'axe de soutien et de point de départ géographique à l'exploitation des terrains alentours. Les terres fertiles devinrent les greniers du pays ; les terrains escarpés, les piémonts arides, les ravins, les pentes, voire les zones salines furent également occupés et surtout utilisés. Il en résulta par conséquent, de part et d'autre de la Grande Muraille, une zone tampon de dimension non négligeable.

Le trafic routier participa grandement aussi au développement économique des régions voisines de la Grande Muraille. La construction rationnelle d'un réseau dense de voies de communication participa à l'essor économique, tout en répondant aux impératifs militaires stratégiques du système défensif de la Grande Muraille. Avec des routes élargies, nivelées et dégagées, les équipements militaires et les provisions destinées aux armées purent être transportés et déployés. Par conséquent, toutes les dynasties ont veillé à construire des routes. Tout au long du parcours, des voies secondaires croisaient la voie principale, reliant entre elles toutes les villes d'importance stratégique du Nord et des Plaines centrales afin de garantir la poursuite de la construction et l'entretien permanent de la Grande Muraille.

En temps de guerre, ce réseau routier assurait la mobilité et la manœuvrabilité des troupes et de l'équipement.

En temps de paix, les routes permettaient les échanges économiques. Les régimes successifs des Plaines centrales ouvraient à dates fixes des marchés aux

chevaux pour commercer avec les peuples nomades vivant le long de la Grande Muraille. Ainsi dès la Dynastie des Han (-206 à 220 apr. J.-C), ces marchés frontaliers étaient des lieux d'échange de produits divers, bétail, chevaux, biens de consommation, etc. Les peuples des districts nomades, vivant d'un côté de la Grande Muraille, étaient friands des produits manufacturés – outillage, faïences, denrées alimentaires, etc. – fabriqués par les fermiers. Ces derniers recherchaient des bêtes élevées par les nomades, pour accomplir le travail à la ferme, les transports et les activités guerrières. Les marchés portaient les noms des produits principaux qui y étaient négociés, essentiellement des chevaux et du thé.

L'existence des « marchés aux chevaux » remonte à la Dynastie des Han qui encouragea leurs maintiens autour des passes dans les districts le long de la Grande Muraille. Quand la relation avec les Xiongnu, une confédération de peuples nomades turcs vivant en Mongolie, en Transbaïkalie et en Chine du Nord, se fut stabilisée par le biais d'alliances matrimoniales, les Han occidentaux (202-9 av. J.-C) autorisèrent les passes à ouvrir des marchés où s'échangeaient la soie, les outils, les céréales, le vin, le thé contre des chevaux, du bétail, du cuir, des fourrures et des produits laitiers proposés par leurs anciens ennemis. À leur suite, les Tang (618 à 907 apr. J.-C), les Song (960 à 1279 apr. J.-C), les Yuan (1271 à 1368) et toutes les autres dynasties autorisèrent ces marchés car ils facilitaient grandement les relations avec les minorités frontalières.

C'est cependant avec la Dynastie des Ming que leur développement fut le plus important. Trois d'entre eux prirent une importance considérable : ceux de Liadong, de Xuanfu et Datong, et de Zhenbeitai. Les marchés ouverts aux ethnies mongoles qui fréquentaient la Grande Muraille avaient toujours une motivation politique sous-jacente. En effet, sachant les Mongols très amateurs de thé impossible à cultiver dans les steppes, les dirigeants Ming exercèrent un contrôle étroit sur la production, le transport et le commerce du thé. Quand les relations se tendaient, la cour impériale imposait un blocus sur la livraison de thé et d'autres produits nécessaires aux Mongols. De cette manière, les opérations militaires des Ming se doublaient d'un chantage efficace destiné à calmer les ardeurs belliqueuses des ethnies mongoles. Mais ces blocus

n'affectaient que les marchés officiels tandis que se développaient des marchés clandestins.

Sous la Dynastie des Tang (618-907 apr. J.-C), les marchés de la soie et des chevaux contribuèrent largement à entretenir l'amitié avec les Huigu (aujourd'hui appelés **Ouïghours**).

La charge d'« Inspecteur du Thé et des Chevaux » fut créée et la cour impériale envoyait fréquemment des contrôleurs à travers le pays.

Avec l'accroissement des échanges de produits fermiers et d'élevage de part et d'autre de la Grande Muraille, l'envergure, l'échelle et la fréquence des marchés des passes ne cessèrent d'augmenter. Ces rendez-vous, dédiés au commerce entre les communautés paysannes et les éleveurs, avaient un rôle particulièrement actif et significatif dans les échanges économiques à l'intérieur et à l'extérieur de la Grande Muraille.

D'une manière générale, les ethnies qui vivaient à l'extérieur de la Grande Muraille et qui participaient aux marchés, devaient se soumettre à l'inspection de leurs marchandises pour obtenir un laissez-passer. Tous les éleveurs avaient l'obligation de faire authentifier au préalable leurs bêtes par les autorités du marché qui fixaient la cote dont le prix de vente dépendait.

En 1403, un cheval était coté selon les descriptifs suivants : excellent, très bon, bon, moyen et poulain. Un excellent cheval valait huit rouleaux de soie ou une douzaine de rouleaux de tissu. En 1417, le prix des chevaux fut réévalué : un excellent cheval s'échangeait contre cinq *dan*[5] de riz, cinq rouleaux de tissu et cinq rouleaux de soie.

Contrairement aux marchés officiels dont les prix étaient fixés, les marchés populaires se livraient au libre-marchandage. Les résidents de la Grande Muraille pouvaient y échanger des outils agricoles, des vêtements, des céréales, des récipients métalliques contre des chevaux, des bêtes de somme, des moutons, des fourrures, du ginseng, etc. Les autorités du marché collectaient une « taxe du marché aux chevaux » pour couvrir leurs dépenses.

Les marchés officiels, outre leur rôle économique, jouaient aussi un rôle éminemment politique, ainsi des présents étaient régulièrement offerts aux chefs nomades, selon leur rang.

5. Unité de mesure impériale, 1 *dan* était l'équivalent de 59,6 kg (NdÉ).

UNE RICHESSE CULTURELLE

La Grande Muraille s'est toujours nourrie de toutes les cultures locales.

De nombreuses œuvres d'art et travaux littéraires, dus à des officiers, des soldats, des érudits et des artistes célébrèrent la gloire de la Grande Muraille. Elle était également célébrée ou mentionnée dans toutes sortes de folklores pratiqués par les ouvriers et fermiers.

Les façons d'être et de penser, les valeurs, les goûts, les coutumes de tous ceux qui ont vécu aux pieds de ses remparts, qui ont participé à leur construction et qui les ont protégés, ainsi que les caractéristiques distinctives des ethnies qu'ils ont abritées, tout cela appartient au vaste et profond univers culturel de la Grande Muraille.

On a pour habitude, aujourd'hui, de penser que la Grande Muraille reflète l'un des éléments majeurs de la culture traditionnelle chinoise : l'harmonie faite de convenance, de paix, d'hospitalité, de coopération et de fusion.

La Grande Muraille fut bâtie pour empêcher la guerre, source de destruction de l'harmonie.

Chapitre 2

LES BÂTISSEURS SUCCESSIFS

长城

La Grande Muraille, avant la Dynastie des Qin, aux périodes des Printemps et des Automnes, et des Royaumes Combattants (770 à 221 av. J.-C.)

La première Grande Muraille fut construite du VIIe siècle au IVe siècle av. J.-C.

Remaniée par Confucius, la chronique des «Annales des Printemps et Automnes», appelée aussi «Annales du pays de Lu» (ou Chūn Qiū), est le récit historique des événements survenus entre 722 et 481 av. J.-C.

Cette époque s'étend approximativement de l'émigration vers l'est, au VIIIe siècle av. J.-C., de l'empereur Ping, de la Dynastie des Zhou, au début de la période des Royaumes Combattants (ainsi nommée en raison des guerres incessantes qui ont opposé les États entre eux durant plus de deux siècles).

Les périodes des Printemps et des Automnes, et des Royaumes Combattants (regroupés sous la dysnatie des Zhou orientaux), furent témoins de bouleversements radicaux et profonds. Lorsque, en raison de révoltes paysannes, l'empereur Ping transféra le pouvoir vers l'est, il perdit le contrôle de la situation. Ni son successeur Huan, ni lui ne purent empêcher la montée en puissance de leurs «vassaux» qui cessèrent, les uns après les autres, de prêter allégeance aux Zhou. Des centaines de petits fiefs furent graduellement absorbés par les sept principaux États en quête de pouvoir.

Durant la période des Printemps et des Automnes, les États se disputaient l'hégémonie et leurs guerres prenaient de l'ampleur. Un certain nombre d'entre eux élargirent leur territoire au détriment de leurs voisins plus faibles; ce fut notamment le cas de l'État de Yan, au nord de Pékin, de l'État de Jin, dans le Shanxi, des État de Qi et Lu, dans le Shandong, de l'État de Chu, dans le Hubei et des États de Wu et Yue, à l'embouchure du Yangzi Jiang.

Dans le même temps, profitant de l'influence et de la fusion ethnique des Plaines centrales, certaines tribus aborigènes et minorités ethniques vivant au nord et à l'ouest de la Chine gagnaient en puissance.

Une inscription à flanc de falaise sur la Grande Muraille des Ming, à Hongshixia (les gorges de granit rose), dans le Shanxi.

Sept pouvoirs principaux régnaient en maître et se disputaient l'hégémonie. Les guerres annexes se propageaient et laissaient le pays en flammes. Cette période de grands troubles s'acheva en 221 av. J.-C., à la fondation de la Dynastie des Qin par l'empereur Ying Zheng. Celui-ci annexa tous les États ce qui permit la première unification de la Chine.

Avant cela, les sept États principaux étaient les suivants :

– L'État de Qi (fondé en 1046 av. J.-C. et annexé par l'État de Qin en 221 av. J.-C.) en Chine orientale, occupait le nord de Shandong, le sud et l'ouest de Hebei, et le sud et l'est de Shanxi ;

– l'État de Chu (fondé en 1045 av. J.-C. et annexé par l'État de Qin en 223 av. J.-C.), en Chine méridionale, occupait Hubei et des parties du Henan, Anhui, Hunan, Jangsu et Zhejiang ;

– l'État de Qin (fondé en 771 et rattaché à l'État de Qin en 207 av. J.-C.), en Chine occidentale, occupait la partie centrale de Shaanxi et le sud-est de Gansu ;

– l'État de Yan (fondé aux environs de 1050 et annexé par siècle l'État de Qin en 222 av. J.-C.), dans le nord-est, occupait le nord du Hebei et des parties de Liaoning et Jilin ;

– l'État de Han (fondé en 403 av. J.-C. Il fut le premier État annexé par l'État de Qin en 230 av. J.-C.), en Chine centrale, occupait l'ouest et le centre du Henan et le sud-est du Shanxi ;

– l'État de Wei (fondé en 445 av. J.-C. et annexé par l'État de Qin en 225 av. J.-C.), en Chine centrale également, occupait le sud de Shanxi et au nord, à l'est et au centre du Henan ;

– l'État de Zhao (fondé en 453 av. J.-C. et annexé par l'État de Qin en 228 av. J.-C.). Son territoire s'étendait sur les provinces actuelles de la Mongolie intérieure, du Hebei et du Shanxi.

Ces États n'étaient pas les seuls à disposer d'une muraille. Voici le descriptif des plus remarquables d'entre elles.

1. La muraille de l'État de Chu

Elle fut bâtie au VIIe siècle av. J.-C. dans la province du Henan sur une longueur d'environ 500 kilomètres.

L'État de Chu en avait commencé la construction dès la période des Printemps et des Automnes, et en faisait grand usage. Les références les plus anciennes se trouvent dans le *Zuo Zhuan*[1] qui rapporte qu'en 656 av. J.-C., l'empereur Huan de l'État de Qi prit la tête d'une coalition en vue d'attaquer l'État de Chu. Lorsque son armée parvint à la colline Xing, le général Qu Wan, de l'armée adverse, vint négocier et lui donna ce conseil : « Si vous voulez convaincre vos vassaux, privilégiez l'usage de la vertu à celui de la force car voyez plutôt : des remparts carrés gardent nos cités et le fleuve Han nous sert de douve. Si vous insistez à vouloir nous attaquer, vous serez vaincus. »

Les « remparts carrés » mentionnés sont généralement interprétés comme étant ceux de la muraille de Chu.

L'essentiel de la muraille de l'État de Chu se trouve au mont Funiu, dont l'environnement naturel procure la prospérité à ses habitants. Cette région est le lieu de naissance de la civilisation chinoise, aux abords du fleuve Jaune (fleuve Huang He). Des fouilles archéologiques ont permis de mettre à jour des restes humains de l'Homme de Nanzhao qui remonte approximativement à la même époque

1. Le *Zuo Zhuan* fut la première chronique historique, couvrant la période entre 772 et 464 av. J.-C. On présume qu'il s'agit des *Annales des Printemps et des Hivers* attribuées à Zuoqiu Ming, l'historien officiel de l'État de Lu ; cependant, on pense généralement que l'ouvrage fut achevé au début de la période des Royaumes Combattants.

que l'Homme de Pékin (un représentant de l'Homo erectus).

Aujourd'hui, une partie de la muraille de Chu est cachée par les pics, les ravins et les forêts profondes du comté de Nanzhao, où se trouve une portion relativement longue et intacte de ce qu'on a découvert jusqu'à présent.

PARCOURS DE LA MURAILLE DE L'ÉTAT DE CHU

Elle commençait au nord-est du comté de Deng dans le Henan, remontait vers le nord-est à travers le comté de Zhenping, longeait le nord-ouest du comté de Nanzhao avant de tourner en direction de l'est vers le sud du comté de Lushan ; elle traversait alors la partie ouest du comté de Ye, puis le comté de Fangcheng et le comté de Wuyang jusqu'au comté de Miyang.

2. La muraille de l'État de Qi

Elle traverse la province de Shandong et mesure plus de 600 kilomètres.

D'après les archives historiques, à l'époque des Printemps et des Automnes, entre le règne de l'empereur Huan et celui de l'empereur Xuan, les travaux de construction de la muraille de l'État de Qi se poursuivirent sans relâche. La section ouest de la muraille fut érigée comme mesure de protection face à l'État de Lu, dont la prospérité représentait une menace. À la suite du renversement de l'État de Lu par celui de Chu, en 249 av. J.-C., l'État de Qi en profita pour élargir son territoire sur sa partie orientale afin de se prémunir d'attaques éventuelles de l'État de Chu.

La muraille joua un rôle militaire majeur dans la défense de l'État. Ses remparts lui ont permis de traverser des siècles de guerres et de combats.

Les vestiges encore existants dans le district de Changqing du comté de Ji'nan montrent des murailles doubles dotées d'un chemin de ronde. Le long de ce mur d'enceinte, s'élevaient des fortins où des troupes tenaient garnison. La muraille de l'État de Qi tirait avantage du terrain et de l'environnement naturel alentour. Ses remparts reliaient les monts aux fleuves et les fleuves aux places fortes. Les zones montagneuses servaient de barrière infranchissable et représentaient une précieuse économie de temps et de main-d'œuvre. Aujourd'hui, seules les parties montées en pierres sont visibles. Elles comportent encore de nombreuses tours d'alarme, bâties en granit sur les crêtes, dont certaines sont en bon état.

PARCOURS DE LA MURAILLE DE L'ÉTAT DE QI

La muraille de l'État de Qi commençait sur la rive du fleuve Jaune au nord-est du comté de Pingyin, dans la province de Shandong. Elle se dirigeait ensuite vers l'est en longeant les pics vertigineux du nord-est du comté de Tai'an jusqu'au nord du comté de Laiwu ; puis, toujours en direction de l'est, elle traversait le mont Yi, à l'est du comté de Zhangqiu, et le mont Bo, Yiyuan, Linju, le comté de Lü, Wulian, Zhucheng ; enfin, pivotant vers le sud, elle empruntait la vallée séparant la colline de la Grosse Perle de la colline de la Petite Perle, dans la comté de Jiaonan, pour finir au littoral. La muraille de l'État de Qi divisait le territoire en deux, du nord au sud. La partie sud forme aujourd'hui la province de Shandong.

3. La muraille sud de l'État de Yan

La construction de la muraille sud de l'État de Yan – également appelée Muraille de la rivière Yi – est antérieure à 311 av. J.-C., qui vit la montée sur le trône de l'empereur Zhao de la Dynastie des Han. Le Yan avait déjà fait construire une autre muraille dans le nord de son domaine pour se protéger des incursions des Hu orientaux. C'est pourquoi la seconde muraille de l'empereur Zhao se nomme Yan Sud. Cet ouvrage traversait la province du Hebei sur une longueur de plus de 250 kilomètres.

PARCOURS DE LA MURAILLE SUD DE L'ÉTAT DE YAN

La muraille sud de l'État de Yan reliait les anciennes digues de la rivière Yi aux nouveaux remparts. De nombreux documents historiques[2] décrivent en détail son tracé. La muraille partait du flanc nord-ouest du massif de Taihang, dans la province du Hebei, pour se diriger vers l'est le long de la rive nord de la Yi puis traversait les comtés de Yi, Xushui, Rogcheng, Anxin et Wen'an, pour aboutir à l'ouest du comté de Dacheng sur la rive occidentale de la rivière Ziya. Des vestiges de cette muraille sont encore visibles en de nombreux endroits.

4. La muraille de l'État de Zhao Sud

Pendant plus de deux millénaires, cette muraille a souffert de grosses dégradations dues à l'érosion naturelle mais également à la main de l'homme. Seuls des tronçons discontinus de longueur variable (en moyenne, entre 1 et 5 kilomètres) restent visibles. Le plus long s'étend sur plus de 10 kilomètres.

2. Par exemple *Le Livre des fleuves* de Li Daoyuan (472-527 apr. J.-C.), géographe et essayiste qui vécut durant la Dynastie des Wei du Nord ; *Descriptions et Cartes du comté de Yuanhe* de Li Jifu (758-814 apr. J.-C.), auteur vivant au cours de la Dynastie des Tang ou *Précis de géographie historique* de Gu Zuhu (1631-1692), de la Dynastie des Qing.

PARCOURS DE LA MURAILLE DE L'ÉTAT DE ZHAO SUD

Aujourd'hui, on distingue encore des ruines de la muraille de l'État de Zhao Sud dans la région méridionale de la province du Hebei et dans la région septentrionale de la province du Henan. À l'origine, la construction partait du sud du massif de Taihang, à Gucheng, dans le comté de Wuan de la province du Hebei, et se terminait au sud-ouest du comté de Ci. Divisée en deux parties distinctes, la première s'orientait en direction du nord-est en longeant le fleuve Zhang au sud du comté de Feixiang, tandis que la seconde s'orientait en direction du sud-ouest et se terminait dans la partie nord-ouest de la banlieue de Linzhou, dans le comté de Hui.

5. La muraille de l'État de Wei

Au début de l'époque des Royaumes Combattants, cet État jouissait d'un pouvoir considérable. Mais son influence déclina au fur et à mesure de la montée en puissance des États de Qin et de Qi. C'est dans ce contexte que furent construites, en 355 av. J.-C., les deux sections de la muraille de Wei. En effet, la muraille était localisée en deux endroits différents : l'une se situait dans le district de Hexi, et l'autre à l'ouest de Daliang, au sud du fleuve Jaune.

La première muraille consolidait la défense de Hexi contre l'État de Qin et les Rong, dans le nord-ouest. On l'appelait « la Grande Muraille de Wei Hexi ». Censée renforcer la protection de Daliang, la deuxième muraille portait le nom de « Grande Muraille de Wei Henan ». Sa longueur totalisait plus de 500 kilomètres.

PARCOURS DES MURAILLES DE L'ÉTAT DE WEI

La muraille de Wei Hexi

Sa construction démarrait comme une extension des digues de la rivière Luo. Elle partait du sud des monts Hua, traversait les rivières Wei et Luo, puis les districts successifs, pour aboutir sur la rive du fleuve Jaune. Aujourd'hui, des ruines de la muraille de Wei Hexi subsistent dans certains endroits comme Huayin, Hancheng, Yan'an et Suide, dans la province de Shaanxi.

La muraille de Wei Henan

Également appelée la « muraille des Plaines centrales », elle s'étendait sur environ 300 kilomètres. Elle partait de la rive sud de l'ancien lit du fleuve Jaune, à Yuanwu, dans la province du Henan, prenait la direction de l'est vers le comté de Yuanyang, puis s'orientait vers le sud-ouest jusqu'à la ville de Xinmi, toujours dans le Henan.

6. La muraille Qianluo de l'État de Qin

Entre la fin du Ve siècle et le début du IVe siècle av. J.-C., l'État de Qin était encore

La muraille de l'État de Zhao, dans le district de Shiguai, à Baotou, en Mongolie intérieure.

faible et l'État de Wei occupait une portion de son territoire située entre la partie orientale du fleuve Jaune et la rivière Luo. Pour se défendre, les empereurs Li et Jian ordonnèrent la construction d'un tronçon de muraille reliant la rive occidentale du fleuve Jaune à la rivière Luo. Les travaux se déroulèrent de 461 à 409 av. J.-C. Ce tronçon prit le nom de « Muraille de Qianluo ».

En 408 av. J.-C., quand les troupes de Qin se retirèrent sur la rive occidentale de la rivière Luo, elles réparèrent la muraille afin d'en améliorer les capacités défensives et dans le même temps, elles bâtirent la cité de Changquan.

PARCOURS DE LA MURAILLE DE QIANLUO

La muraille de Qianluo partait du sud du mont Hua, dans le sud-est du comté de Huayhin de la province de Shaanxi ; traversant ensuite le nord-est du comté, elle franchissait les affluents du fleuve Wei, puis passait par le comté de Pucheng jusqu'aux collines de Hanglong dans le comté de Baishui.

7. La muraille de l'État de Zhongshan

À l'époque des Royaumes Combattants, Zhongshan était un petit État du nord, enclavé entre ceux de Zhao et de Wei, qui vivait sous la constante menace des agressions répétées de Zhao. C'est pourquoi, l'État, en 374 av. J.-C., décida de s'abriter derrière une muraille dont la longueur totalisait 90 kilomètres.

On trouve encore des vestiges de cette muraille dans les comtés de Laiyuan, Tang, Shunping et Quyang, à Baoding, ainsi qu'à Zhengding, Xingtang, Lingshou, Pingshan et Shijiazhuang.

PARCOURS DE LA MURAILLE DE L'ÉTAT DE ZHONGSHAN

La muraille de Zhongshan protégeait la frontière nord et traversait les comtés de Tang, Quyang, Xingtang, Lingshou et Pingshan, dans la province actuelle du Hebei ; puis, elle s'orientait vers le sud le long du massif de Taihang, jusqu'au nord-ouest de Xingtai.

8. La muraille de l'empereur Zhao de l'État de Qin

À l'époque des Printemps et des Automnes, forts de leur influence croissante, les Yiqu, une branche des anciens Rong occidentaux, harcelaient l'État de Qin et opéraient de fréquentes incursions armées. En 335 av. J.-C., ils finirent par s'emparer du comté de Luodi de l'État de Qin. En conséquence, l'empereur Huiwen de Qin entreprit la construction d'ouvrages de défense le long de sa frontière nord. Mais en 318 av. J.-C., l'État de Qin subit les attaques d'une alliance hostile forgée entre les États de Wei, Zhao, Han, Yan et Chu. Profitant de cette occasion, les Yiqu lancèrent eux aussi un nouvel assaut et triomphèrent.

Plus tard, en 314 av. J.-C., l'empereur Huiwen de Qin contre-attaqua les Yiqu et s'empara de plusieurs de leurs cités. Les Yiqu ne survécurent pas à la montée sur le trône de l'empereur Zhao de Qin qui, à son tour, fit construire une muraille.

PARCOURS DE LA MURAILLE DE L'EMPEREUR ZHAO DE L'ÉTAT DE QIN

Cette muraille traversait les comtés de Longxi, de Beidi, et la région nord du comté de Shang. Son tracé partait du comté de Min, dans la province de Gansu, à l'ouest; il longeait ensuite la rive orientale de la rivière Tao jusqu'au comté actuel de Lintao, puis s'orientait en direction du sud-est vers Weiyuan avant de bifurquer en direction du nord-est à travers les comtés de Tongwei et de Jingning jusqu'au comté de Guyan, dans la région autonome de Ningxia Hui. À partir du comté de Guyuan, la muraille s'orientait vers le nord-est jusqu'au comté de Wuqi, dans la province de Shaanxi, puis, après avoir traversé les comtés de Jingbian, Zhidan, Ansai, et quelques autres, elle poursuivait en direction du nord-est à travers les comtés de Jingbian, Hengshan, Yulin et Shenmu. Elle aboutissait au sud de la Mongolie intérieure sur la rive occidentale du fleuve Jaune.

9. La muraille de l'État de Zhao

À l'époque des Royaumes Combattants, l'État de Zhao comptait parmi les États les plus faibles. C'est à l'accession au trône de l'empereur Wuling, en 325 av. J.-C., que la situation changea progressivement. Soucieux d'améliorer la force de frappe de ses armées, il ordonna à ses troupes le port de tenues équestres courtes et l'usage du tir à l'arc à dos de cheval, prenant exemple sur les Hu[3], qui s'en étaient fait une spécialité. Petit à petit, l'État de Zhao prit de l'importance jusqu'à devenir l'une des sept grandes puissances.

En 306 av. J.-C., l'empereur Wuling s'empara de la ville de Linhu et de toute la région située au sud des monts Daqing et à l'est du fleuve Jaune. Dans le même temps, trois nouvelles préfectures, Yunzhong, Yanmen et Dai, furent créées et la construction d'une muraille engagée.

Récemment, de nouvelles fouilles archéo-

3. Dans la Chine ancienne, ce terme générique désignait l'ensemble des peuples nomades du Nord (NdÉ).

logiques ont permis de repérer de nombreux vestiges dans les monts Daqing, Wula et Lang.

PARCOURS DE LA MURAILLE DE L'ÉTAT DE ZHAO

Elle partait du nord de l'actuelle province du Hebei, longeait les monts Yinshan, jusqu'aux monts Lang, au nord de Wuyuan, à Hetao, en Mongolie intérieure. Érigée pour protéger la frontière nord de l'État de Zhao, cette muraille fortifiée portait le nom de « Muraille de Zhao Nord ». Au nord du tronçon occidental de cette muraille s'étendait une autre muraille qui traversait le nord de la province de Guizhou, longeait la rive nord de la rivière Wujia, pour se terminer à la passe du mont Shilanji, au nord de la rivière Lin.

10. La muraille de l'État de Yan

À l'époque des Royaumes Combattants, les Hu orientaux, désireux d'élargir leur territoire au sud, formèrent une alliance tribale avec les Shanrong, menaçant ainsi les régions frontalières au nord de l'État de Yan. Au début de son règne, l'empereur Zhao, pour sauver la paix le long de sa frontière nord, fut contraint de livrer le célèbre général Qin Kai comme otage aux Hu orientaux. Plus tard, après la montée en puissance de l'État de Yan, le général Qin Kai, qui s'était familiarisé avec les

tactiques des cavaliers nomades, prit le commandement des forces de son État et écrasa les Hu orientaux. Il organisa ensuite la formation des cinq comtés de Shanggu, Youbeiping, Liaoxi et Liaodong.

C'est dans ce contexte que débuta la construction de la muraille de l'État de Yan aussi appelée la « muraille des Yan Nord », le long des cinq comtés d'ouest en est. Les archives historiques étant imprécises, on considère que les travaux ont dû se dérouler entre 299 et 284 av. J.-C.

Aujourd'hui, il reste encore des vestiges de remparts dans les comtés de Guyuan et de Weichang, dans la province du Hebei, au nord de Chifeng, dans la bannière de Aohan, en Mongolie intérieure, dans les comtés de Fuxin et de Kaiyuan, dans la province de Liaoning, et dans le comté de Kuandian, au sud de Kaiyuan.

Parcours de la muraille de l'État de Yan

La muraille nord de l'État de Yan partait de la frontière occidentale du comté de Shanggu, plus précisément de la région qui s'étend du nord du comté de Huailai, dans la province actuelle du Hebei, jusqu'à Dushikou et Luanheyuan. Elle se terminait à la frontière orientale de la ville de Liaodong, autrement dit dans le bassin du fleuve Gingchuan, en Corée du Nord.

La Grande Muraille au cours des Dynasties des Qin et des Han (-221 à 220 apr. J.-C.)

À partir de 221 av. J.-C., Ying Zheng annexa les États un à un et imposa l'unification en Chine. Ce faisant, il fut aussi le fondateur de la Dynastie des Qin. L'unification, en mettant un terme à la période féodale, constitue un pivot essentiel dans le développement historique de la Chine. Ying Zheng organisa un État centralisé et multiethnique qui exerça une forte influence sur les dynasties suivantes et ce durant plus de deux millénaires. On consière aussi Ying Zheng comme le père fondateur de la Grande Muraille. C'est effectivement sous son règne que les segments des murailles des différents États furent reliés entre eux par des travaux de rénovation et d'extension, constituant ainsi la Grande Muraille. Les différentes murailles se métamorphosèrent alors en une enceinte gigantesque de plus de 5 000 kilomètres de long, allant de la province de Gansu, à l'ouest, jusqu'à Liaodong, à l'est. La Grande Muraille, symbole de la Chine unifiée, participa à structurer la politique nationale du pays.

Durant la Dynastie des Han occidentaux,

Portion de la Grande Muraille de l'empereur Ying Zheng, à Guyang, en Mongolie intérieure.

outre quelques travaux de rénovation, on construisit l'extension de la partie occidentale de la Grande Muraille allant de Dunhuang, dans la province de Gansu, jusqu'à Xinjiang, afin de protéger le corridor de Hexi menant aux régions occidentales. La Grande Muraille des Han s'étendait alors sur près de 10 000 kilomètres.

L'unification à long terme opérée par ces deux dynasties servit d'embryon au modèle d'intégration multiculturelle de la nation chinoise. Durant cette période, la construction de la Grande Muraille fut un marqueur historique déterminant, elle franchit les étendues immenses de la Mongolie intérieure, le plateau de Lœss, de vastes déserts, de nombreux massifs montagneux et des hauts sommets.

Le principe moteur des plans et des méthodes de construction de la Grande Muraille des dynasties des Qin et des Han consistait à s'adapter constamment aux contraintes locales et à utiliser les matériaux trouvés à proximité. Dans les provinces de Gansu et de Shanxi, les remparts furent principalement bâtis avec du lœss tassé parementé de briques d'adobe.

La Grande Muraille des Han dans le

désert du Yumenguan fut bâtie en compressant du gravier mélangé à des roseaux ou à de l'osier.

Dans les régions montagneuses, la pierre resta le matériau favori. Le tronçon qui traverse Guyang, en Mongolie intérieure, fut entièrement monté en pierres. Aujourd'hui, ces remparts se dressent encore en parfait état de conservation.

1. La muraille de l'empereur Ying Zheng, fondateur de la Dynastie des Qin

À l'époque des Royaumes Combattants, quand les puissants États rivalisaient en quête de suprématie, les Xiongnu migrèrent vers le sud et occupèrent la région de Hetao, du côté intérieur des murailles des États de Zhao et de Yan. À compter de ce fait, les Xiongnu représentèrent une menace majeure pour Qin. Après l'Unification, soucieux de consolider son régime, Ying Zheng partit donc en guerre contre les Xiongnu. En 215, puis en 214 av. J.-C., il remporta deux victoires consécutives contre eux, ce qui lui permit d'annexer un vaste territoire situé au sud du fleuve Jaune, du côté extérieur de la muraille des États de Yan et de Zhao. Plus tard, pour se protéger des Xiongnu et des Hu orientaux, le général des Qin, Meng Tian, commanda les travaux de rénovation et d'extension des murailles de Zhao et de Yan située au nord de l'État. Les travaux durèrent cinq années et finalement, Lintao (dans l'actuel comté de Min de la province de Gansu), du comté de Longxi, fut relié à la péninsule de Liaodong. La longueur totale de l'ouvrage totalisait plus de 5 000 kilomètres.

La construction se fit en deux étapes :

– La première servit à renforcer les positions défensives le long du fleuve Jaune. Un tronçon de la Grande Muraille partit de Didao, longea la rivière Tao et prit la direction du nord-ouest. Il fut ensuite allongé par des remparts bâtis aux abords du district de Yuzhong, dans le comté de Lanzhou de la province de Gansu. Dans le même temps, le long du fleuve Jaune, quarante-quatre cités et autant de comtés furent fondés.

– La seconde consista en des travaux de rénovation et d'extension. À Gaoque, Yangshan et Beijia, la muraille de Zhao Nord, bâtie à travers les monts Yinshan par l'empereur Wuling, fut restaurée et considérablement allongée. Son extension partait du sud-ouest de Gaoque pour atteindre l'ancienne muraille de Zhao à

厕所
TOILET

l'est; un autre tronçon partait de Zhuozi, en Mongolie intérieure, pour s'orienter vers le nord-est, jusqu'au nord du comté de Shangdu, puis au sud du comté de Huade, ensuite au sud du comté de Kangbao, dans la province du Hebei, pour aboutir à la bannière de Taipusi, en Mongolie intérieure, où les remparts rejoignaient ceux de la muraille de l'État de Yan.

2. La Grande Muraille de la Dynastie des Han occidentaux (Dynastie des Han)

De son temps, la Dynastie des Han fut l'empire le plus puissant de l'Orient asiatique. L'Empire romain et la Chine à cette époque sont à juste titre considérés comme les deux plus grandes puissances de l'histoire mondiale.

La Grande Muraille de la Dynastie des Han était bien plus longue et massive que celle de la Dynastie des Qin. Elle totalisait quelques 10 000 kilomètres, ce qui en faisait la plus longue muraille de l'histoire de la Chine.

Au cours des premières années de la Dynastie des Han, les Xiongnu attaquèrent en force les villes de Mayi et Yanmen, avant de mettre le siège devant Taiyuan. L'empereur Liu Bang (appelé aussi Han Gaozu) prit la tête de sa cavalerie, forte de 200 000 hommes, toujours victorieuse jusqu'alors, et lança une expédition punitive. Mais, l'armée Han se retrouva encerclée dans les collines de Baideng pendant une semaine; cet événement est appelé le «Siège de Baideng». Pour désengager ses forces et retourner chez lui sain et sauf, Liu Bang fut contraint de verser une énorme rançon aux Xiongnu. Échaudés, les dirigeants de la Dynastie des Han changèrent de stratégie avec les Xiongnu et adoptèrent une politique de pacification par le biais d'alliances matrimoniales. Après une trêve de 70 ans, à l'arrivée de l'empereur Wu à la tête de la dynastie, la nation étant plus puissante, la revanche sembla venue. Le nouvel empereur recruta des troupes partout dans le pays et partit en guerre contre les Xiongnu. Entre 127 et 119 av. J.-C., à la tête de l'armée Han, les généraux Wei Qing et Huo Qubing livrèrent une série de grandes batailles, dont les plus cruciales furent «la Bataille du Désert du Sud», «la Bataille de Hexi» et «la Bataille du Désert du Nord». Cette série de victoires permit à la Dynastie des Han de contrôler les bases stratégiques des Xiongnu dans les monts Yinshan, et d'écarter cette menace venue du nord. C'est à cette période que fut construite la muraille de l'empereur Wu. Sa construction se fit en quatre étapes.

La première date de 127 av. J.-C., l'année où le général Wei Qing attaqua Loufan, dans le nord, et que fut entreprise une rénovation importante de la muraille de l'empereur Ying Zheng.

La deuxième étape eut lieu en 121 av. J.-C., lorsque « le Cavalier volant », le général Huo Qubing, prit la tête de dizaines de milliers de troupes d'élite qu'il mena au cœur du comté de Beidi. Il vainquit Hunye et Xiutu, les deux rois des Xiongnu au terme de féroces batailles dans les monts Qilian, et s'empara de la totalité de la région de Hexi.

La troisième étape fut entreprise en 111 et 110 av. J.-C., quand fut lancé le tronçon de la Grande Muraille qui va de Jiuquan à Yumenguan. Afin de garantir la sécurité du corridor de Hexi, l'empereur Wu ordonna alors la construction de la muraille qui traverse l'actuelle province de Gansu, du comté de Yongdeng jusqu'à la cité de Jiuquan.

Enfin, en 104 av. J.-C., la Grande Muraille fut prolongée de Yumenguan au lac Luobu.

Le règne de l'empereur Wu dura 54 ans dont une trentaine d'années de guerre. En temps de paix, tous les efforts se portèrent sur la construction de la Grande Muraille, ce qui permit un développement rapide de ses dimensions. Elle prit sa forme et ses caractéristiques principales. La muraille, telle quelle, fut utilisée jusqu'à la Dynastie des Han orientaux, mais seuls quelques tronçons ont été réparés ou rallongés, le plus gros de la muraille de la Dynastie des Han fut bâti avec l'empereur Wu.

À sa suite, des travaux d'extension ont été entrepris par ses successeurs, les empereurs Zhao et Xuan. Zhao fit construire la partie orientale de la Grande Muraille et Xuan la prolongea de l'ouest du lac Luobu jusqu'à Kuche, dans le Xinjiang. Au début du règne de l'empereur Xuan, la ligne de défense du front nord de la Dynastie des Han occidentaux fut achevée. La Grande Muraille des Han traversait Kuche, Gansu, Ningxia, Hebei, la Mongolie intérieure, Liaoning, pour finir sa course au nord de l'estuaire du fleuve Datong, en Corée du Nord.

La Grande Muraille survécut au cours des Six Dynasties (Dynastie du Sud et du Nord, 317 à 581 apr. J.-C.) jusqu'à l'avènement de la Dynastie des Sui (581 à 618 apr. J.-C.)

Après les Dynasties des Han et des Wei, la population des Plaines centrales déclina considérablement en raison de guerres incessantes et d'épidémies telles que la peste. Les cavaliers nomades du nord profitaient de cette situation de faiblesse pour y lancer des raids qui se prolongèrent sur plusieurs siècles. Les tribus les plus audacieuses et agressives étaient celles des Xiongnu, des Xianbei, des Di, des Jie et des Qiang. Ce fut une période de soulèvements à l'échelle nationale, d'asservissement et de massacres à grande échelle. Les tribus Xianbei étaient originaires des monts du Grand Xianbei au sud du fleuve Erguna et au nord du massif du Grand Khingan. En Mongolie intérieure, dans les prairies de la ligue Hulun Buir et dans la bannière autonome d'Elunchun, on peut visiter des abris de pierres, encore en bon état, où vivaient les ancêtres des Xianbei. Les Wei du Nord, les Wei orientaux, les Wei occidentaux, les Qi du Nord et les Zhou du Nord, qui ont régné à tour de rôle sur la Chine septentrionale sous les dynasties sudistes et nordistes, faisaient tous partie de la noblesse Xianbei.

Avec l'avènement de la Dynastie des Sui (581-618), la période d'hostilité entre les dynasties du Nord et du Sud prit fin et de grands travaux de réparation de la Grande Muraille furent initiés. Auparavant, seules les murailles des Wei, des Qi et des Zhou du Nord avaient perduré.

1. La Grande Muraille de la Dynastie des Wei du Nord (Dynastie du Nord)

En 423 apr. J.-C., Tuo Batao monta sur le trône sous le nom de « Empereur Tai Wu des Wei du Nord ». Il fit alors construire la muraille des Wei du Nord pour protéger son empire des Rouran. De la fin du IVe siècle jusqu'à la moitié du VIe siècle apr. J.-C., ces derniers restèrent très actifs au nord et au sud du Grand Désert ainsi que dans les vastes étendues du nord-ouest. Les Wei du Nord voyaient dans les Rouran une menace pesant sur les richesses des Plaines centrales. De leur côté, les Rouran considéraient les Wei comme un obstacle à leur projet d'incursions dans les Plaines centrales.

La muraille des Wei partait du comté de

Chicheng, dans la province actuelle du Hebei, pour se diriger vers l'ouest jusqu'au comté de Wuyan, en Mongolie intérieure. En plus de protéger l'empire des attaques des Rouran, l'édifice avait aussi l'avantage de priver ces derniers de toute relation économique avec les Plaines centrales.

En 429 apr. J.-C., l'empereur Tai Wu prit le commandement des armées de l'Ouest et de l'Est et lança une grande offensive dans les territoires du nord du Grand Désert et conquit de la sorte le territoire des Rouran.

Au nord de Pingcheng, capitale de l'empire des Wei du Nord, située au sud des monts Yinshan, six villes de garnison furent créées. Ce sont, d'ouest en est, Woye, Huaisho, Fuming, Wuchuan, Rouxuan et Huaihuang. C'est ainsi que s'établit une ligne de défense le long de la frontière septentrionale des Wei.

En 446, de nouveaux travaux de grande envergure furent entamés. Dans les quatre préfectures de Sizhou, Youzhou, Dingzhou et Jizhou, environ 100 000 ouvriers furent recrutés pour participer aux travaux défensifs autour de la capitale. Ces nouveaux remparts mesuraient un millier de *li* et partaient de Shanggu, à l'est, vers Yuhe, à l'ouest.

2. La Grande Muraille de la Dynastie des Qi du Nord (Dynastie du Nord)

En 534 apr. J.-C., Gao Huan, un Han qui servait les Xianbei, offrit son soutien à l'arrière-petit-fils de l'empereur Xiaowu, alors âgé de 11 ans, pour lui permettre d'accéder au trône. Trop jeune, il ne détenait du pouvoir que le titre, le jeune empereur se soumit entièrement aux décisions de Gao Huan.

Les Wei orientaux cherchaient à annexer les Wei occidentaux. Ils leur livraient de nombreuses guerres, tout en construisant leur propre muraille qui devait servir de base offensive et défensive.

En 543 apr. J.-C., Gao Huan en supervisa la construction. Elle partait de Sizhou (le Xinzhou d'aujourd'hui, dans la province de Shanxi) et atteignait Tudeng, dans l'est (le comté actuel de Dai, dans le Shanxi).

La Dynastie des Wei orientaux ne dura que seize ans et fut renversée par Gao Yang. Gao Yang prit le titre de «Qi» pour la dynastie, celle-ci resta dans l'histoire sous le nom de «Dynastie des Qi du Nord».

Les Qi du Nord et les dynasties du Sud occupaient les rives opposées du Yangzi Jiang; ils avaient pour voisins les Zhou du Nord, à l'ouest, et les Rouran, les Qidan et les Tujue dans le nord.

Pour se défendre contre ces derniers, les Qi du Nord construisirent trois longs remparts :

– Le premier fut construit, de 552 à 556 apr. J.-C., par segments et en plusieurs étapes. Il partait de Zongqinshu, dans le comté de Qingshuihe, en Mongolie intérieure pour rejoindre à l'est le golfe de Bohai qui borde le district de Shanhaiguan, dans la province du Hebei.

La Grande Muraille de la Dynastie des Ming qui partait de Shanhaiguan, à l'est, jusqu'à la rive du fleuve Jaune, dans le comté de Qingshuihe, fut construite bien plus tard, en grande partie sur les ruines de la Grande Muraille des Qi du Nord qui mesurait environ 1500 kilomètres.

– Le deuxième rempart de la Grande Muraille des Qi du Nord portait le nom de « Grande Muraille double ». Il fut aussi construit en plusieurs étapes.

Le segment qui partait du nord-ouest de Fenyang, dans la province de Shanxi, au sud-ouest de la ville actuelle de Shuozhou, toujours dans le Shanxi, faisait plus de 200 kilomètres et date de 557 apr. J.-C. Le second segment qui débutait au nord-est du comté de Lingqiu et aboutissait à Juyongguan, dans la province de Beijing date de 565 apr. J.-C. À son terme, il joignait la Grande Muraille périphérique construite en 555 apr. J.-C.

– Le troisième rempart se trouvait dans le nord ; il partait de la muraille des Crêtes, entre le comté de Wutai, dans le Shanxi, et le comté de Fuping, dans le Hebei ; il traversait ensuite la chaîne de Taihang, à la frontière entre les deux provinces, puis la rivière Hutuo, et finissait à Niangziguan. Sa construction, qui date de 563 apr. J.-C., devait assurer la défense contre les Zhou du Nord.

3. La Grande Muraille de la Dynastie des Zhou du Nord

En 557 apr. J.-C., l'empereur Yuwen Jue, de Xianbei, supplanta les Wei occidentaux et fonda la Dynastie des Zhou du Nord. Après avoir unifié la Chine du Nord en annihilant les Qi du Nord, le nouveau régime émit des décrets impériaux ordonnant l'affranchissement et le retour à la vie civile des peuples réduits à l'esclavage. Cela eut pour effet de démultiplier les forces productives de la nation.

Dans le même temps, la mésentente entre les Zhou du Nord et les Tujue et les Qidan s'aggravait. Les Tujue (« Turcs Bleus ») et les Qidan (minorité ethnique du nord-est de la Chine) supportaient Gao Shaoyi, Prince de Fanyang, des Qi du Nord et le poussaient à attaquer les Zhou du Nord.

C'est pourquoi, afin de renforcer leur dispositif défensif, en 579 apr. J.-C., les Zhou du Nord construisirent une muraille allant de Yanmen à Jieshi.

Les experts ne s'accordent pas sur la dimension de cette muraille. Certains estiment que les Zhou du Nord se sont contentés de travaux de réparation sur une partie de la Grande Muraille des Qi du Nord qui se terminait à Shanhaiguan, dans le golfe de Bohai. Pour d'autres, si la muraille des Qi du Nord était certes utilisée, il n'en demeure pas moins que de nombreuses parties en ont été ajoutées à cette période.

4. La Grande Muraille de la Dynastie des Sui

À l'époque, la stratégie de défense nationale se résumait à « accepter ceux qui se rendent et exécuter ceux qui résistent », ainsi qu'à « protéger coûte que coûte les forteresses stratégiques et interdire aux ennemis de se répandre dans le sud ».

Dans cette optique, et à l'instar de ses prédécesseurs Qin et Han, la Dynastie

des Sui se mit à son tour à construire une muraille pour renforcer ses défenses militaires sur sa frontière nord. Sous le règne de l'empereur Wen, cette muraille fut construite en quatre étapes :

La première eut lieu en 581 apr. J.-C., quand la tribu des Jihu fut enrôlée dans les travaux qui ont duré une vingtaine de jours. Cette muraille se trouvait au nord de la province actuelle de Shanxi.

La deuxième se déroula en 585 apr. J.-C. 30 000 ouvriers furent recrutés à Shuofang et Lingwu. Cette muraille partait à l'ouest sur la rive orientale du fleuve Jaune, dans le comté de Lingwu, dans ce qui est aujourd'hui la région autonome de Ningxia Hui ; elle traversait ensuite les comtés de Jingbian, Hengshan et Yulin, dans le Shanxi, pour finir dans le comté de Suide.

Puis, en 586 apr. J.-C., on mobilisa 110 000 hommes pour la réalisation de la troisième étape qui consistait d'abord en une extension de la muraille construite l'année précédente. Elle partait en direction du nord-est, à l'ouest de Yuhebao et de Yulin, pour se terminer dans la ville de Shierliancheng, dans la bannière de Junggar en Mongolie intérieure.

Enfin, la dernière étape, en 587, mobilisa plus de 10 000 ouvriers. Cette défense traversait les monts Yinshan, puis la plaine de Hetao et le plateau de la Mongolie intérieure.

En 604 apr. J.-C., l'empereur Wen fut probablement assassiné par le prince Yang Guang qui lui succéda sous le nom d'empereur Yang des Sui.

Après son investiture, le nouvel empereur décida de déménager sa capitale à Luoyang. Pour la bâtir, il ordonna la mobilisation forcée de plus de 2 000 ouvriers par mois. Puis, plus de 100 000 manœuvres furent recrutés pour percer une douve, d'une longueur de plus de 1 000 kilomètres, destinée à assurer la protection de la ville.

La douve de Luoyang commençait à Longmen, sur la rive du fleuve Jaune, dans le comté de Hejin de la province de Shanxi ; elle s'orientait ensuite vers l'est, à travers Gaoping, le comté de Jizhou et la ville de Xinxiang, dans la province du Henan ; elle traversait alors le fleuve Jaune, puis la cité de Kaifeng, le comté de Xiangcheng, et aboutissait au comté de Shang dans la province de Shanxi.

Outre ces grands travaux, l'empereur Yang entreprit la construction de deux parties importantes de la Grande Muraille.

Une inscription sculptée dans la brique en haut de la paroi d'une tour de guet de la Grande Muraille de la Dynastie des Ming, dans le comté de Dai de la province du Shanxi.

Ici, à Shandan, dans la province de Gansu, la Grande Muraille de la Dynastie des Han suit un tracé parallèle à celui de la Grande Muraille de la Dynastie des Ming.

La première en 607 apr. J.-C., des millions de travailleurs furent mobilisés pour bâtir un tronçon reliant Yulin à la rivière Hun.

La seconde, entreprise l'année suivante, mobilisa 250 000 personnes pour construire un tronçon partant de la vallée de Yulin vers l'est.

Cependant, la Dynastie des Sui entreprit surtout des travaux de rénovation des remparts montés par ses prédécesseurs. C'est pourquoi, en dépit de l'ampleur des chantiers et du nombre élevé d'ouvriers, la durée totale des travaux fut courte, moins d'un mois en moyenne pour la plupart. L'échelle de grandeur de la muraille des Sui fut loin d'égaler celle des Dynasties des Qin et des Han. En réalité, les tronçons construits sous l'empereur Yang n'ont probablement joué aucun rôle stratégique majeur car lorsque se construisait la muraille, la frontière était relativement paisible et la situation politique plutôt stable. Mais, en revanche, quand éclatèrent de graves révoltes et que les Tujue orientaux s'agitèrent, la Dynastie des Sui se révéla incapable de garantir la paix sur sa frontière nord et la muraille ne lui fut d'aucune utilité.

La Grande Muraille au cours des Cinq Dynasties et des Dix Royaumes (de 907 à 979 apr. J.-C.)

1. La muraille de l'État de Liao

Le dispositif défensif de la Grande Muraille fut entretenu par les Qidan et les Jurchen.

Les Qidan régnèrent jadis en Chine du Nord (907 à 1125) où ils adoptèrent le nom de Liao.

L'ethnie Qidan appartenait au clan des Hu orientaux, une branche des Xianbei. Vers le milieu du IVe siècle apr. J.-C., les Qidan se séparèrent des Xianbei pour mener une existence nomade le long des rives de la Xilamulun et de la Laoha.

En 916 apr. J.-C., Yelüabaoji, le chef du clan Qidan décida de fonder un État.

En 947 apr. J.-C., il absorba la Dynastie des Jin postérieurs dont il changea le nom en « Grand État de Liao ».

De nombreuses ethnies vivaient dans les régions dirigées par les Qidan. Le long de la frontière nord, on trouvait des tribus comme les Jurchen et les Wugu ; leurs relations avec les Qidan restant imprévisibles, ces tribus représentaient une menace continuelle. Tout en les combattant, les Qidan construisirent une muraille dans la partie ouest de la Prairie de Hulun Buir (aujourd'hui la Mongolie intérieure).

La Muraille de l'État de Liao traversait l'ensemble des territoires actuels de la Chine, de la Russie et de la Mongolie, sur une longueur de plus de 700 kilomètres.

D'après les archives historiques, les travaux ont débuté en 1058 pour durer 56 ans. La totalité de la muraille était faite de terre, sur une hauteur moyenne de 10 à 15 mètres et une base de 8 mètres d'épaisseur. Une tranchée profonde était creusée devant les remparts. Cette architecture militaire, combinant fosse profonde devant de hauts remparts, s'est révélée très efficace à l'époque.

Parallèlement, en 908 apr. J.-C., pour se défendre de son voisin, l'État de Bohai, et couper sa ligne de ravitaillement avec les Plaines centrales, le fondateur de l'État de Liao avait déjà construit une muraille à Zhendonghaikou, au confluent de la mer Jaune et du golfe de Bohai, au sud du district de Jinshan, dans la province de Liaoning.

Cet endroit, jadis très important, reliait la région du nord-est aux Plaines centrales par voie maritime. À l'époque, les envoyés de la dynastie finissante des Tang devaient, eux, traverser cette zone pour se rendre au golfe de Bohai. Étant donné les fréquents conflits qui opposaient le Bohai au Qidan, et pour couper la voie de communication entre le Bohai et les dynasties des Plaines centrales, le Qidan occupa la région et construisit une muraille.

PARCOURS DE LA MURAILLE DE L'ÉTAT DE LIAO

L'édifice partait du sud-ouest de la bannière d'Ergunayou, dans la ligue de Hulun Buir, en Mongolie intérieure. Le rempart s'orientait vers le sud-est, traversant Labudalin, puis vers l'ouest, le long de la rive sud de la rivière Gen pour atteindre Sika. De Sika, il longeait sur 35 kilomètres la rive orientale de l'Erguna avant de pénétrer en Russie. À 5 kilomètres au sud-ouest du lac Baïkal, il faisait demi-tour pour revenir en territoire chinois jusqu'à la ville de Manzhouli pour traverser la bannière de Xinbaerhuyou, puis le sud des monts Chagantaolegai et le nord de la ville de Hailaer où il entrait en Mongolie; poursuivant sa route en direction de l'ouest, il terminait sa course dans la zone marécageuse des sources de l'Enen et de la Wuleji.

2. La Grande Muraille de la Dynastie des Jin

Dans l'Histoire, cette muraille portait le nom de « Douves et Forteresses frontalières ». Elle fut bâtie par les Jurchen.

En 1115, l'empereur Ahguda fonda la Dynastie des Jin. En 1125, il absorba l'État de Liao puis, les Song du Nord.

Les Mongols, qui parcouraient les prairies du nord, ne cessaient de harceler les territoires contrôlés par les Jin. Pour minimiser leur impact, les Jin se mirent à construire une série de douves et de fortins le long de leur frontière; ces douves, fortins et garnisons furent ensuite reliés les uns aux autres pour former le système défensif de la muraille. Il fallut 70 ans entre le début de la construction et la touche finale apportée à la rénovation de la muraille des Jin. Cet ouvrage témoigne de l'essor puis de la chute de cette dynastie.

On peut diviser la construction de cette muraille en deux parties en fonction de l'époque et des sites des chantiers :

La première partie fut appelée la « Grande Muraille Extérieure des Jin ». Construite entre 1123 et 1138, elle mesurait plus de 700 kilomètres.

Aujourd'hui des ruines de cette muraille traversent en direction du sud-ouest les champs qui séparent la Kelulun et la Wuleji, puis on perd sa trace dans les marais au nord de la source de la Wuleji.

PARCOURS DE LA
« GRANDE MURAILLE EXTÉRIEURE DES JIN »

Elle partait de la rive de la Kuli, un affluent méridional de la rivière Gen, dans la bannière d'Ergunayou, en Mongolie intérieure. En longeant la rive sud de la Gen, elle se dirigeait vers l'ouest jusqu'au bassin de l'Erguna où elle s'orientait vers le sud-ouest. Puis, le long de la rive orientale de l'Erguna, ses remparts serpentaient jusqu'à Hongshanzui pour traverser ensuite la partie occidentale du fleuve et pénétrer dans la province de Chita, dans l'actuelle Russie. Elle revenait ensuite vers le sud-ouest jusqu'à la ville de Manzhouli, puis sortait de Chine à travers la région nord de la bannière de Xinbaerhuyou, jusqu'à Dongfang et les provinces du Kent de la Mongolie.

Du côté opposé, la seconde partie de la muraille était située au nord de la chaîne du Grand Khingan. Elle fut nommée la « Grande Muraille Intérieure des Jin » et bâtie entre 1161 et 1196. La partie externe de cette construction comportait des douves parfois doublées dans les parties les plus stratégiques. C'était l'une de ses particularités. Une autre, également remarquable, consistait en des plates-formes de tir appelées « têtes de cheval » qui équipaient les principaux remparts Ce détail influença l'architecture de la Grande Muraille des Ming. La distance séparant deux « têtes de cheval » était de 50 à 100 mètres dans les parties denses et de 500 à 1 000 mètres dans les parties plus éparses. Le côté interne des remparts comportait un grand nombre de fortins et de passes. Les matériaux de construction étaient prélevés sur place. La terre ou un mélange de terre et de pierres étaient le plus souvent utilisés.

PARCOURS DE LA
« GRANDE MURAILLE INTÉRIEURE DES JIN »

Elle avait pour point de départ la ville de Nierji, dans la bannière de Molidawa, sur la rive ouest de la Nen, en Mongolie intérieure. Elle s'orientait ensuite vers le sud-ouest, traversant les régions des comtés de Gannan et Longjiang, de la province de Heilongjiang, puis les régions orientales des bannières d'Ahrong et de Buteha, en Mongolie intérieure. Elle parcourait ensuite la bannière de Zhalaite de la ligue de Xing'an, puis la bannière de Keyouqian et la partie ouest du comté de Tuquan, pour atteindre la bannière de Keyouzhong, à travers la rivière Huolin. Les remparts traversaient également l'ouest de la bannière de Zhalute de la ligue de Zhelemu, s'orientant le long du flanc sud de la chaîne du Grand Khingan, à travers les prairies du Xilin Gol et le nord de la bannière de Chayouhou où ils tournaient en direction du sud-ouest. La muraille trouvait son terme dans le village de Shangmiaogou, dans le comté de Wuchan, sur le flanc nord des monts Daqing. Il y avait aussi des branches secondaires qui reliaient la ligne principale à de nombreuses places fortes, formant ainsi un réseau défensif impressionnant.

L'apogée de la Grande Muraille sous la Dynastie Ming (1368 à 1644)

1. La Grande Muraille de la Dynastie des Ming

Lorsque les Yuan furent renversés par les Ming, les dirigeants mongols se retirèrent dans le Désert du Nord. Cependant, leur armée n'avait pas été entièrement détruite et ils avaient donc conservé leur capacité de nuisance en continuant de harceler les régions du sud.

Ce fut au tour des Jurchen (Mandchous), dans le nord-est, de prendre de l'ascendant, devenant ainsi une nouvelle menace pour les Ming. Cela conduisit ces derniers à reprendre, durant la totalité de leur règne, les travaux de construction de la muraille.

Leur Grande Muraille fut sans cesse entretenue, réparée et rallongée. Elle mesure plus de 7 000 kilomètres. De toutes les murailles des anciennes dynasties, elle est la plus formidable en termes d'échelle, de fonction, de techniques employées et de qualité de la construction.

Parcours de la muraille de la Dynastie des Ming

Le tracé de la muraille des Ming débute à l'est des rives de la Yalu et se termine à Jiayuguan, au pied des monts Qilian ; d'est en ouest, elle traverse neuf provinces et régions autonomes : Liaoning, Hebei, Tianjin, Beijing, Shanxi, la Mongolie intérieure, Shaanxi, Ningxia et Gansu.

On peut considérer que trois étapes ont marqué sa construction :

Au cours de la première (1368-1447), l'effort de construction a surtout porté sur des travaux d'extension et de consolidation des bases des murailles des Wei et des Qi du Nord. Des tours d'alarme et de guet, des fortins et des douves furent rajoutés et les murs de terre tassée remplacés en maints endroits par des remparts en pierres de taille. La plus grande attention en termes de qualité des travaux fut apportée à la partie externe de la Grande Muraille qui part du nord-ouest du Beijing jusqu'au Shanxi, ainsi que sur les passes qui jalonnent la frontière, de Shanhaiguan à Juyongguan.

Dans un deuxième temps (1448-1566), des travaux à grande échelle de la muraille commencèrent au lendemain de la défaite de l'armée Ming au cours de la bataille de

Tumubao (1449) qui vit la capture de l'empereur Ming Yingzhong par les Mongols.

À cette époque, les Oyrat et les Tartares s'infiltraient en permanence dans les districts voisins de la muraille, pillant et détruisant tout sur leur passage. Les conflits armés se multiplièrent, se transformant en une guerre prolongée. Pour faire face à cette situation, les dirigeants de la Dynastie des Ming mirent toute leur énergie à accélérer la construction de la muraille et des forteresses tout au long de la frontière nord. Le système défensif de neuf villes frontalières mit plus d'un siècle à être perfectionné.

La dernière étape (1567-1620) se concentra surtout sur la reconstruction et l'amélioration de la muraille existante.

Durant les règnes des empereurs Longqing (13ème empereur de la dynastie) et Wanli (14ème empereur de la dynastie), la tribu mongole des Anda négocia un traité de paix avec la cour des Ming qui permit la reprise du commerce du thé et des chevaux, et une baisse des tensions au voisinage de la muraille.

Au début du règne de Wanli (vers 1575), le commandant de la garnison de la ville de Liaodong, Li Chengliang, rebâtit les remparts orientaux de la cité. Cette reconstruction concerna toute la partie située entre la rivière Sancha et Liaoyang.

À la fin de son règne (vers 1620), son général Xiong Tingbi ordonna la réfection et la rénovation de la muraille et des fortins de Liadong. En effet, les 25 dernières années du règne de Wanli, les Jurchen du nord-est furent de nouveau une source majeure de conflit. Au-dessus des remparts, le général Qi Jiguang fit monter des tours de guet en briques, améliorant ainsi efficacement leurs capacités défensives.

2. Les neuf villes d'importance stratégique

Afin de pouvoir gérer à la fois la défense de la Grande Muraille et les travaux de construction sur la totalité du parcours, neuf divisions militaires ont été créées sur une ligne partant de la rivière Yalu jusqu'à Jiayuguan.

On appelait ces villes les « Neuf Zones Frontalières », ou les « Neuf Villes ». La cour nomma des officiers généraux postés dans chacune d'elles pour y remplir les fonctions de commandant en chef d'une portion spécifique de la Grande Muraille et de la région attenante. À l'origine, ces commandants prenaient leurs ordres directement du Département de la

Défense ; ils étaient chargés des affaires militaires à l'intérieur de leur zone de défense et se devaient de parlementer avec les peuplades voisines. Plus d'un million de soldats tenaient garnison dans ces neuf villes. Le commandant en chef résidait dans la ville tandis que ses officiers étaient postés dans les fortins, les baraquements militaires et les passes. Plus tard, la cour envoya des commandants provinciaux, des gouverneurs et des hauts fonctionnaires pour gérer l'organisation de la vie civile de ces cités. Le pouvoir des commandants en chef s'en trouva amoindri.

Les neuf villes étaient Liaodong, Jizhou, Xuanfu, Datong, Taiyuan, Yulin, Ningxia, Guyuan et Gansu.

Elles étaient implantées le long de la Grande Muraille sur plus de 7 000 kilomètres. Les sections attribuées à chacune d'elles variaient.

À la fin du XVIe siècle, la situation était la suivante :

– La ville de Liadong gérait la section allant de la rivière Yalu, sur le flanc sud des monts Hu, dans le comté actuel de Kuandian, dans la province de Dandong, jusqu'à Wumingkou, au nord de Shanhaiguan, à l'ouest. Cette section faisait 975 kilomètres de long. Cinq *canjiang*[4] commandaient les garnisons de Kuandianbao, Haigai, Kaiyuan, Jinyi et Ningyuan.

– La ville de Jizhou gérait la section allant de Laolongtou (la «Tête du Vieux Dragon»), dans le district de Shainhaiguan, à l'est, jusqu'à Huangyuguan (au pied de la chaîne de Taihang, au nord-ouest de Xingtai, dans la province du Hebei), à l'ouest. Sa longueur totalisait 1 500 kilomètres. Plus tard, cette section fut divisée en trois, la gestion en étant confiée aux villes de Jizhou, Chang et Zhenbao. Des commandants différents gouvernaient ces trois villes.

– La ville de Xuanfu gérait la section allant de Sihaiye, Bohaisuo et Mutianyu, à l'est, jusqu'à la zone frontalière de la rivière Xiyang (dans le comté actuel de Huai'an, dans la province du Hebei) et de la ville de Datong, à l'ouest. Cette section faisait 558 kilomètres.

– La ville de Datong gérait la section allant de Pingyunbao, dans le Tianchangwei (la ville actuelle de Tian de la province de Shanxi), à l'est, jusqu'à la région frontalière des monts Yajiao (les monts Dong actuels, au village de Kouzishang, dans le

4. Sous la Dynastie des Ming, les *canjiang* étaient des officiers qui commandaient une garnison (NdÉ).

comté de Qingshuihe, en Mongolie intérieure) et de la ville de Shanxi. La longueur de cette section totalisait 335 kilomètres.

– La ville de Taiyuan était la capitale du Shanxi. Elle gérait la section allant de la rive orientale du fleuve Jaune, à Hequ (dans le comté actuel du même nom, dans la province de Shanxi), à l'ouest, jusqu'à la muraille de la ville de Jizhou, dans la chaîne de Taihang, à l'est, via Pianguan, Laoyingbao, Ningwuguan, Yanmenguan et Pingxingguan. La longueur totale faisait 800 kilomètres. Comme les murailles des villes de Xuanfu et de Datong englobaient cette section, celle-ci portait aussi le nom de « Grande Muraille de l'Intérieur ».

– La ville de Yulin gérait la section allant de Huangpuchuanbao (dans la ville actuelle de Huangpu, du comté de Fugu, dans la province de Shanxi), à l'est, jusqu'à Huamachi (dans la ville actuelle de Yanchi, dans la région autonome de Ningxia), à l'ouest. Sa longueur totalisait 885 kilomètres. Au sud de cette première muraille, se trouvait une seconde muraille, qui démarrait de la rive occidentale du fleuve Jaune (dans la ville actuelle de Qiangtou, dans le comté de Fugu, de la province de Shaanxi), puis zigzaguait vers l'ouest jusqu'à la première muraille de Ningbianying (dans la ville actuelle de Dingbian, de la province de Shanxi).

– La ville de Ningxia gérait la section allant de la zone frontalière de Huamachi et de la muraille de Yulin, à l'est, jusqu'à la rive nord du fleuve Jaune, à Xiquegou et à Zhongwei, dans le Ningxia (au sud-ouest de la ville actuelle de Zhongwei, dans la région autonome de Ningxia), à l'ouest. Cette section mesurait 830 kilomètres.

– La ville de Guyuan gérait la section allant de la frontière occidentale de la région de Raoyang Shuibao, de la ville de Yulin, à l'est, jusqu'à Lanzhou, à l'est. Cette section faisait 500 kilomètres.

– La ville de Gansu gérait la section allant de la rive nord du fleuve Jaune, à Lanzhou, au sud-est, jusqu'au flanc sud des monts Qilian, à Jiayuguan, au nord-ouest. Cette section mesurait 800 kilomètres.

Chapitre 3

LE SYSTÈME OFFENSIF ET DÉFENSIF DE LA GRANDE MURAILLE

长城

De solides remparts et une politique de défense basée sur la profondeur stratégique fut la réponse appropriée des dynasties successives à l'avantage de la mobilité que possédait la cavalerie nomade ; quant aux communautés paysannes, la protection de la Grande Muraille leur épargnait la crainte de constantes agressions.

Dans le contexte de la guerre défensive des Plaines centrales, les remparts, douves, fortins et tours d'alarme de la Grande Muraille permettaient aux populations vivant derrière ses murs de conserver l'initiative en dépit de leur immobilité et, par conséquent de frapper l'ennemi tout en économisant leurs propres forces. Avant la construction de ces remparts, les nomades fondaient tout simplement sur les fermiers, pillaient sans vergogne, et se retiraient avant que les défenseurs n'aient eu le temps d'intervenir. En cas d'attaque extérieure d'un nombre important de cavaliers, la Grande Muraille brisait l'impact d'un choc frontal et accordait ainsi le délai nécessaire aux défenseurs pour se réorganiser et déployer une stratégie de contre-attaque. À l'approche des éclaireurs ennemis, les guetteurs postés sur la muraille envoyaient des signaux de fumée à la garnison où se trouvaient les troupes maintenues en état d'alerte.

Quand l'ennemi se lançait à l'assaut des remparts, un détachement mobile le prenait à revers, donnant ainsi le temps à une deuxième ligne de défense de se rassembler sur les remparts.

En un temps record, un corps d'armée pouvait être mobilisé et détruire l'ennemi, soit au pied de la Grande Muraille, soit aux alentours.

Un système complet et efficace de positionnement des troupes

La Grande Muraille représentait un ensemble défensif cohérent et coordonné, notamment pour la répartition de ses garnisons.

Chaque bastion et fortin de la ligne des remparts travaillait en liaison avec les sections voisines et les différents postes de commandement.

Quant aux quartiers généraux, ils étaient en contact direct avec la capitale de la

province. Par conséquent, ces places fortes fonctionnaient en réseau au sein d'une chaîne de commandement ininterrompue. Chaque garnison était responsable de sa propre zone de sécurité en liaison avec les citadelles importantes. Le vocabulaire utilisé pour désigner le système de défense différait selon les dynasties, mais le schéma organisationnel de base est néanmoins resté globalement le même.

Ce sont les Dynasties des Han et des Ming, à plus de dix siècles d'intervalle, qui ont fait la plus longue et la plus intense utilisation de la Grande Muraille et de son système défensif.

Au début de la dynastie des Han (IIIe siècle av. J.-C.), la défense de la frontière incombait à l'armée de l'empereur et aux troupes des nobles. À la suite de l'assaut contre les Xiongnu lancé par l'empereur Wu, des préfectures furent fondées le long de la frontière et des troupes y furent positionnées en permanence. Puis, le système national de garnisons de la Grande Muraille fut graduellement perfectionné.

Sous la dynastie des Ming, les neufs grandes villes furent instituées pour gérer l'ensemble de la Grande Muraille : Liadong, Jizhou, Xuanfu, Datong, Taiyuan, Yulin, Ningxia, Guyuan et Gansu.

Pour répondre aux nécessités défensives de la Grande Muraille, vers la fin de la Dynastie des Ming, quatre villes supplémentaires furent établies. Chacune de ces villes était protégée par des troupes placées sous l'autorité d'un commandant de garnison assisté d'un député et d'un *canjiang* qui faisait fonction de chef de la Garde locale.

Les villes étaient divisées en districts (*lu*), eux-mêmes répartis par passes (*guan*) et entrées (*kou*). Sous les Ming, les garnisons étaient logées dans des casernes proches de la Grande Muraille.

Les casernes des villes (*zhencheng*), des districts (*lucheng*) et des comtés (*weicheng*) étaient assez étendues ; leur circonférence s'étendait sur une longueur variant entre 2 et 4 kilomètres. Les *zhencheng* servaient de résidence aux gouverneurs provinciaux et aux commandants des garnisons locales.

Un *canjiang*, à la tête d'environ 10 000 hommes, commandait les districts. Les comtés étaient en général placés sous l'autorité d'un général ou d'un officier d'un rang inférieur comme le *shoubei* (chef de garnison) qui commandait 5 600 hommes.

Les soldats directement affectés à la Grande Muraille logeaient dans un bâtiment appelé *baocheng*. Chacun d'eux

devait veiller à la défense d'une section de rempart avec les tours de guet et d'alarme qui lui étaient attachées. D'autres bâtisses dépendaient également des *baocheng*, elles se trouvaient toujours du côté intérieur du rempart de la Grande Muraille, faciles à défendre et difficiles à atteindre en cas d'attaque. À l'arrivée de l'ennemi, quand le terrain s'y prêtait, les défenseurs tendaient une embuscade ou attaquaient de front.

Les *baocheng* abritaient des troupes d'une ou de plusieurs centaines d'hommes. En certains points stratégiques, se trouvaient des passes de tailles variées. Les plus petites et les moyennes contenaient plusieurs dizaines ou centaines d'hommes ; les plus importantes pouvaient en revanche abriter des milliers, voire des dizaines de milliers de soldats.

En temps de paix, les commandants de la zone de défense de la Grande Muraille organisaient les patrouilles et postaient des sentinelles. En temps de guerre, ils commandaient les troupes de combat le long des remparts.

La hiérarchie au sein des garnisons

Un *taishou*[1] était nommé à la tête de chaque préfecture frontalière ; il était rémunéré 2 000 *dan* et commandait les garnisons préfectorales. Outre sa tournée annuelle d'inspection de la frontière, il veillait aux travaux d'entretien de la Grande Muraille et de ses tours d'alarme. Il était secondé par deux officiers, le *zhangsi*[2] et le *cheng*, postés dans des lieux stratégiques importants proches de la frontière.

Plusieurs *duwei*[3] opéraient sous l'autorité du préfet. À l'intérieur des terres, le *duwei* assistait le *taishou* dans l'administration des affaires publiques et militaires relatives à la sécurité. Dans les préfectures frontalières, le long de la Grande Muraille, le *duwei* exerçait la responsabilité du gouvernement local. Il percevait un salaire équivalent à celui du *taishou*. Plusieurs *hou* secondaient le *duwei*. L'assistant du *hou* s'appelait le *houcheng*. Ensuite, venaient le *saiwei*, le *shili*, le *lingshi*, le *weishi*, etc. La responsabilité des tours d'alarme et de guet de la Grande Muraille incombait au *saiwei* et au *shili*. Les tours, bastions et fortins formaient les unités défensives de base ; un officier en était responsable. Les places fortes qui abritaient les gradés s'appelaient les *zhang*. Le *hou* était responsable des tours de guet et d'alarme, et des postes de sentinelles sous sa juridiction. Ces postes relayaient les ordres venus de la citadelle du *duwei* et les messages en provenance de la ligne de front. Le *hou* était également chargé de l'évaluation et de l'inspection des subalternes, ainsi que de l'intendance et de l'approvisionnement en vivres et munitions. En déplacement, l'hébergement du *duwei* et du *hou* se faisait en général dans les forteresses et les passes. Sous la Dynastie des Han occidentaux, par exemple, le *duwei* de la préfecture de Dunhuang résidait à Yumenguan et à Yangguan qui étaient alors d'importantes passes destinées à garder le Corridor du Hexi.

Un système complexe d'alarme et de réaction rapide fondé sur l'utilisation de signaux de feu ou de fumée

Les garnisons établies le long de la Grande Muraille communiquaient entre elles, grâce à un système d'alarme par signaux visuels, à l'aide de balises positionnées au sommet des tours d'alarme et de guet. À l'apparition de l'ennemi, les sentinelles postées sur les tours d'alarme lançaient un signal visuel ou sonore en élevant des bannières, en allumant des feux, ou plus tardivement en faisant tonner le canon.

À propos de ces tours d'alarme, on raconte qu'au VIIIe siècle av. J.-C., You, le

1. Le *Taishou* était un préfet (NdÉ).
2. Les *Zhangshi* et *Cheng* étaient des commandants (NdÉ).
3. Les *Duwei* étaient des sous-préfets ou des généraux selon le type de poste qu'ils occupaient (NdÉ).

dernier empereur de la Dynastie des Zhou occidentaux, était réputé pour passer son temps à gâter sa concubine qui pourtant ne lui souriait jamais en retour. Un jour, pour la dérider, You l'emmena au sommet de la tour d'alarme du mont Li. Il lui expliqua alors qu'il lui suffirait de faire allumer le feu de la tour pour que les autres États, croyant à une guerre, se portent à son secours en envoyant des troupes. La concubine se montra dubitative, You fit donc allumer le feu de détresse. À ce signal, les tours d'alarme s'embrasèrent les unes après les autres. Répondant à l'appel, les provinces alliées envoyèrent aussitôt des troupes. Quand l'armée de secours parvint en hâte au pied du mont Li, pas le moindre ennemi en vue, il n'y avait que You et sa concubine qui s'amusaient au sommet de la tour, buvant et mangeant. L'arrivée des troupes provoqua l'hilarité de la jeunne femme. Après une série de farces du même acabit, les autres États apprirent à se méfier de l'empereur You. Un jour, l'État de Zhou subit une violente et bien réelle attaque. Personne ne répondit à son appel de détresse. La capitale de Zhou fut prise et son empereur, tué.

Sur la Grande Muraille, les tours d'alarme jouaient un rôle essentiel pour la transmission du renseignement. Leur emplacement dépendait de la qualité de la visibilité. Le terrain et l'angle de vision décidaient de leur nombre.

Sous la Dynastie des Han, la tour d'alarme portait le nom de « feng sui ». Tout au long de l'année, la totalité des tours était solidement gardée.

Le terme « feng » faisait référence au bois inflammable. Des bûches étaient disposées dans un panier suspendu à un mât. À la nuit tombée, en cas d'alerte, on enflammait le bois et on hissait le panier au sommet du mât. L'intensité des flammes et le nombre de paniers en feu indiquaient la position de l'ennemi.

Le terme « sui » représentait le moyen de transmettre les mêmes renseignements de jour. À l'approche de l'ennemi, on allumait un feu au sommet de la tour mais le signal de jour consistait en une fumée dense. En général, on enflammait des fagots de roseaux séchés. Parfois, les roseaux enflammés étaient tenus à bout de bras, d'autrefois, le fagot reposait sur le sol. La mise à feu dépendait de l'analyse de la situation en temps réel.

Dans la journée, les tours d'alarme utilisaient parfois d'autres types de signaux qui portaient le nom de «biao» (sémaphore). Il pouvait s'agir de branchages, de fourrures ou de tissus, arrangés de manière à former des cercles, des carrés, des triangles, etc. Les feux se voyant de loin pendant la nuit, les tours d'alarme bâties sur des hauteurs étaient assez éloignées les unes des autres. En revanche, les «sui» étaient moins hauts et à plus courte distance. D'après les archives de la dynastie des Han (le *Han Jian*), les tours d'alarmes mesuraient, en moyenne, plus de 5 *zhang* (16 mètres) de hauteur et le mât mesurait 3 *zhang* (10 mètres). La distance entre deux tours était généralement de 40 à 50 *li* (entre 20 et 25 kilomètres).

Après la Dynastie des Ming, les tours d'alarme portaient les noms de *Fanghou*, *Dunhou*, *Langyangtai*, *Yandun*, etc. Elles étaient toujours construites en briques et en pierres. Des excréments d'animaux séchés étaient jetés dans les roseaux enflammés pour améliorer la densité et l'opacité de la fumée, et la rendre ainsi plus facilement repérable par les tours voisines.

Les Ming contribuèrent à améliorer le système d'alarme. Aux feux de bois ou aux signaux de fumée, furent rajoutés des coups de canon. Le souffre et le salpêtre étaient aussi employés pour amplifier la combustion. Tout au long de l'année, on gardait des réserves de fanions, de tambours, d'arbalètes, d'échelles de corde, de canons, de barils de poudre, de crottes de loup, de bois de chauffe, etc. pour parer à toute éventualité et rester capable de transmettre des informations détaillées sur les positions et les mouvements de l'ennemi.

Par exemple, un *feng* suivi d'un coup de canon signifiait qu'une centaine d'hommes était en vue ; deux *feng* suivis de deux coups de canon, 500 ; trois *feng* et trois coups de canon, plus de 1 000 ; quatre *feng* et quatre coups de canon, plus de 5 000 ; cinq *feng* et cinq coups de canon indiquaient l'approche d'une armée de plus de 10 000 assaillants. Toujours sous la Dynastie des Ming, la discipline sur les tours d'alarme et de guet était très stricte. Le garde qui s'absentait sans autorisation ou qui fuyait le combat était sévèrement puni. Les veilleurs devaient rester à leur poste, ramasser du bois et se relayer pour monter une garde continue de jour comme de nuit. En cas d'urgence, ils devaient immédiatement réagir afin de transmettre l'information sans délai.

Une organisation sûre et efficace de postes et de relais de chevaux était associée à la Grande Muraille

Le système de poste fournissait du personnel chargé du transport et de la distribution des documents officiels. Il garantissait également la sécurité du transport et de l'entreposage du matériel militaire. Il lui incombait aussi d'offrir aux officiels en déplacement une solution d'hébergement ainsi que des chevaux reposés. Ce système se composait de maisons de poste, de relais de chevaux et d'entrepôts entourés d'enceintes fortifiées et protégés par une garde permanente. Composante essentielle du système de défense de la Grande Muraille, les postes et relais avaient un large degré d'autonomie.

À l'intérieur de la zone de défense de la Grande Muraille, on accordait une attention particulière à tout ce qui pouvait faciliter le flot du trafic, le transport du courrier et des messages. Sous la Dynastie des Qin, soucieux de renforcer son contrôle sur la totalité du territoire unifié, l'empereur Yin Zheng fit construire des «voies de galop» qui rayonnaient à partir de Xianyang, sa capitale. Neuf d'entre elles devinrent célèbres, parmi lesquelles la Route de Shangjun, reliant la capitale à Shangjun, dans le Shanbei; la Route de Xifang, allant à Ningxia et Gansu; la Route de Zhi, allant à Jiuyuan. Elles menaient toutes à la Grande Muraille de la Dynastie des Qin. La construction de ces routes améliora considérablement le flot du trafic entre les relais. Toutes les voies qui reliaient la Grande Muraille à la capitale du pays furent dotées de maisons de poste, facilitant ainsi la communication entre le pouvoir central, l'ensemble des comtés et la frontière. Les soldats chargés de transporter les décrets impériaux urgents et les documents militaires devaient arriver à destination le plus rapidement possible de jour comme de nuit. Ils galopaient sur un millier de *li* et changeaient de chevaux à chaque relais.

Sous la Dynastie des Han, il arrivait que les soldats transportent aussi bien du courrier privé que des paquets légers en même temps que les documents officiels. Les soldats et les sous-officiers des tours d'alarme et de guet étaient chargés de faire transiter le courrier privé et les documents officiels d'une tour à l'autre. Quand un courrier était en transit, le soldat chargé de l'acheminer devait le dater et

Construite loin du rempart principal, cette tour d'alarme servait de poste avancé d'observation à l'intention des troupes positionnées sur la Grande Muraille.

La terrasse de cette tour de guet de la Dynastie des Han servait aussi de poste de relais dans certaines circonstances.

apposer sa signature sur le document. Le courrier arrivé à destination était remis au chef de la tour après la signature d'un reçu prouvant son dépôt. En cas d'urgence d'ordre militaire, on utilisait un *xi* pour la transmission immédiate de messages ou d'ordres. Le *xi* était une sorte de latte d'une forme particulière. La base en était assez mince pour être aisément tenue à la main ou passée à la ceinture. L'autre extrémité était fendue afin de pouvoir y insérer une penne et signifier l'urgence.

Dans les documents historiques, un *xi* surmonté d'une plume était appelé un « *xi* empenné ». Sous la Dynastie des Song, les dirigeants Jin firent installer des relais le long des principales voies de communication entre les garnisons. Ces relais ressemblaient à des fortins carrés sur lesquels flottait un pavillon noir planté à chacun des quatre coins. Une dizaine de *li* (5 kms) séparait deux relais. Chaque relais était gardé par quatre soldats. Les relais et les postes dépendaient de l'autorité centrale du Département de la Guerre.

Sous la Dynastie des Ming, les relais de chevaux disposaient aussi d'entrepôts. Le responsable d'une maison de poste, d'un relais de chevaux ou d'un entrepôt s'appelait le *yicheng* (chef de poste). Ces magasins étaient indépendants de la poste elle-même. Ils n'étaient dédiés qu'à la logistique, autrement dit à la gestion du transport des vivres et des matériaux. Disposés à intervalles réguliers, ils servaient de points de livraison. Des forteresses, de dimension variable assuraient la défense de ces postes et relais. Elles étaient généralement de forme quadrangulaire et leurs deux portes étaient parallèles à la route. À proximité, se trouvaient des plates-formes de guet qui garantissaient une connexion continue entre les villes et les postes. Les recherches sur la muraille de Liadong ont établi la présence d'une maison de poste tous les 15 kilomètres. Des installations annexes, comme des boutiques, des tours, des plates-formes et des entrepôts, y étaient accolées.

Le registre de poste s'appelait le *you fu*. Le livre de poste utilisé par les autorités locales portait le nom de *kan he*. Celui délivré par le Département de la Guerre s'appelait le *huo pai* (pli urgent).

L'emploi d'un *you fu* était strictement contrôlé. Les messagers chargés d'accomplir une mission spéciale bénéficiaient toujours d'une protection armée.

Les *huo pai* du Département de la Guerre étaient transmis à dos de cheval.

Chaque poste était dans l'obligation d'accorder la priorité au *huo pai*. Quand le *huo pai* était classé « livraison immédiate », sa vitesse de transport devait être de 300 *li* (150 kms) par jour. Certains *huo pai* particulièrement urgents étaient accompagnés d'une note précisant 400 *li* (200 kms), ou 500 *li* (250 kms), voire 600 *li* (300 kms). Obligation était faite de les délivrer dans les délais prescrits.

Le défrichement des terres faisait partie intégrante de l'organisation militaire

Aux travaux de construction et de défense de la Grande Muraille, s'ajoutaient ceux de défrichement des sols. Cette mesure stratégique, ordonnée par le gouvernement central pour protéger au mieux sa frontière, fut initiée par les Han occidentaux. Par la suite, toutes les autres dynasties en ont maintenu le principe. Le développement des districts proches de la Grande Muraille requérait la participation des troupes en place pour labourer et cultiver les terres en friches.

Sous la Dynastie des Han, l'empereur Wu, vainqueur des Xiongnu, organisa quatre comtés et décida par précaution de lancer la construction d'une partie de la muraille. Une main-d'œuvre considérable et des ressources matérielles en proportion furent nécessaires. Les moyens à sa disposition étant limités, il eut l'idée d'imposer la règle suivante : « Soldat en période de guerre, paysan en temps de paix ! » C'est cette pratique qui a garanti la paix dans les régions occidentales et la sécurité sur une partie du parcours de la Route de la Soie.

Toujours sous la Dynastie des Han, l'aménagement des frontières devint une priorité et, de ce fait, les travaux agricoles s'intégrèrent à l'organisation des travaux forcés.

Les tribunaux ordonnaient aux paysans des Plaines centrales du pays de s'enrôler dans l'armée pour cultiver les terres frontalières et permettre d'engranger assez de céréales pour couvrir les besoins en période de guerre.

Une fois sur leur lieu d'affectation, ces paysans se voyaient attribuer une fonction militaire en fonction de leurs capacités : soldat de garnison, de tour d'alarme, de forteresse, fantassin, sapeur ou surveillant de grange.

Les trois premiers grades étaient en général affectés à la garde des tours d'alarme et de guet, les autres travaillaient dans les champs : les fantassins aux labours et aux moissons, les sapeurs aux travaux d'irrigation et les surveillants de grange gardaient les greniers.

Les vivres, objets de première nécessité et outils de production dépendaient des autorités locales. La totalité des récoltes collectées allait dans des greniers gérés par les autorités locales.

Dès les débuts de la Dynastie des Ming, la politique de défrichement des sols par l'armée fut systématisée. Pour assurer la défense contre les intrusions constantes des tribus mongoles, tous les terrains à partir de Liandong, d'est en ouest, le long des neuf villes de la Grande Muraille, firent l'objet de labourages intensifs effectués par l'armée. Dans le même temps, les travaux sur la Grande Muraille s'accélérant, des millions d'hommes de troupes répartis sur toute sa longueur (7 000 kms) cultivaient la terre tout en gardant les remparts, approvisionnant ainsi cette formidable organisation militaire en vivres.

La Dynastie des Ming imposa aussi un système de postes de garde (*wei suo*) sur toute la longueur de la Grande Muraille. Le chef de poste commandait la garnison. Un *qian hu* le secondait, lequel avait lui-même sous ses ordres un *bai hu*.

L'organisation militaire de la Grande

Muraille dépendait des autorités militaires des Cinq Armées du Gouvernement central.

Dans les postes de garde des neuf villes de la Grande Muraille, la répartition du travail se déroulait ainsi : 30 % de l'effectif étaient des sentinelles ou patrouillaient le long des remparts alors que le reste était affecté à la production agricole. Dans les zones de conflits, la proportion variait, un soldat sur deux étant généralement affecté à une unité combattante.

Une fois par mois, le chef de poste distribuait à ses hommes leur solde et leurs provisions de bouche. Ceux qui travaillaient la terre ne percevaient qu'une demi-solde et étaient imposés sous la forme d'un quota de céréales à livrer. Cette organisation permit l'exploitation d'immenses terrains restés incultes, résolvant ainsi l'approvisionnement de l'armée en céréales, tout en évitant aux populations civiles d'être écrasées sous un fardeau trop pesant de taxes et de corvées. Au début et jusqu'au milieu de la phase de construction de la Grande Muraille des Ming, cette politique militaire a joué un rôle important pour protéger le pays. Mais plus tard, néanmoins, pour mettre fin à certaines négligences locales, la gestion des vivres, y compris des céréales, fut confiée à l'Administration centrale. En effet, dans de nombreux endroits, des terres cultivées et entretenues par les garnisons, ainsi que des bâtiments militaires étaient devenus la propriété personnelle de certains officiers indélicats ou de fonctionnaires locaux corrompus.

Un arsenal complet d'armes et de machines de guerre aussi bien pour l'attaque que pour la défense

Au cours des époques des Printemps et des Automnes, et des Royaumes Combattants, outre la construction de la Grande Muraille proprement dite, toutes sortes de dispositifs et d'engins spécialement conçus pour l'attaque et la défense furent rapidement développés. Les Dynasties des Qin et des Han les ont, à leur tour, améliorés.

Sous les Dynasties des Qin et des Han, on inventa des engins de siège, comme les ponts mobiles, qui permettaient de franchir les douves, des échelles d'assaut pliables pour grimper aux créneaux, des tours de guet mobiles et des chars d'assaut appelés *Linchonglügong*.

– Le pont mobile était constitué de deux longs rondins reliés par des planches clouées. Le tout pouvant reposer sur les deux côtés de la douve. Quand la douve était trop large, on reliait deux ponts bout à bout autour d'un axe articulé.

– L'échelle d'assaut servait à escalader les murailles d'une ville ou d'une forteresse. Elle était aisément transportable et des crochets fixés à ses extrémités permettaient de la suspendre au parapet. Certaines pouvaient se déplier autour d'un axe, permettant ainsi d'escalader des remparts plus élevés. On inventa des modèles doublés de cuir brut pour protéger les porteurs chargés de déployer l'échelle contre le rempart. Ce système les préservait des jets de pierres et de flèches.

– La tour de guet mobile était une sorte de chariot. Deux longues perches y étaient fixées à la verticale. À leur bout, un treuil permettait de hisser un monte-charge cubique dont les quatre parois disposaient de guichets permettant d'espionner les avancées de l'ennemi et de préparer les assauts.

– Le char d'assaut *Linchonglügong* était également un chariot servant à l'attaque d'une cité ou d'une citadelle mais de taille beaucoup plus importante. À l'époque, ce devait être le plus grand chariot du monde. À l'intérieur, cinq étages étaient desservis par des échelles. Ces chars pouvaient abriter plusieurs dizaines de soldats armés d'arbalètes, de flèches empoisonnées, de lances, de hallebardes, de sabres et de piques. Quand l'assaut était donné, des soldats à terre le poussaient contre le rempart. La plate-forme, à son sommet, s'alignait au parapet, et permettait aux soldats de bondir sur le chemin de ronde et d'engager l'ennemi.

D'autres d'engins pour détruire des portes de cités ou des remparts furent conçus, tels le char-crochet, le char-bélier, ou le char-à-feu. Tous ces instruments étaient utilisés simultanément lors des combats.

La défense n'était pas négligée, il existait une panoplie impressionnante d'engins et d'instruments défensifs destinés à empêcher l'ennemi d'escalader les remparts, de s'approcher des portes et des murs pour les détruire ou de creuser des tunnels.

Par exemple, le char-tampon était très utile pour renverser les échelles d'assaut. Un bélier renforcé par un blindage métallique était fixé à son cadre. À l'approche de l'échelle, on faisait rouler le bélier pour la renverser.

On jetait aussi de lourds rondins et d'énormes pierres du haut du rempart pour empêcher les ennemis de s'en approcher.

À l'époque des Printemps et des Automnes, et des Royaumes Combattants, la plupart des armes blanches étaient en bronze ; le fer supplanta le bronze au cours des Dynasties des Qin et des Han. Toujours à l'époque des Printemps et des Automnes, toute une panoplie d'armes fut inventée dont les armes d'hast[4] comme la pique, la lance, la hallebarde ; des armes plus courtes comme le glaive, l'épée, le sabre ; et des armes de jet comme l'arc ou l'arbalète. À cela s'ajoutaient les armes de protection comme le bouclier, l'armure, et les armes de choc comme la masse d'arme ou la hache.

Sous la Dynastie des Ming, la poudre à canon compléta cet arsenal. On lançait des bombes et des grenades qui explosaient à l'impact, tuant un grand nombre d'attaquants. On poussait aussi des chariots hérissés de glaives dans les brèches ou les portes détruites par l'ennemi pour lui bloquer le passage.

Plus tard, furent inventées les armes à feu à canon évasé. Elles complétèrent immédiatement l'arsenal offensif et défensif de la Grande Muraille. Sous la Dynastie des Ming, le développement des armes à feu fit des progrès considérables ; des régiments spécialement équipés et entraînés firent bientôt leur apparition sur le champ de bataille.

Les armes à feu à canon évasé

Il existait deux catégories d'armes à feu à canon évasé.

La première était une arme individuelle qui pouvait être tenue en mains, comme le tromblon. Son poids, sa dimension et son calibre étaient relativement limités ; on chargeait ces armes par le canon avec des munitions de plomb ou de fer ; leur portée variait de quelques douzaines de pas jusqu'à deux cents. Le tromblon fut la première arme utilisée. Son invention fut déterminante dans le développement des autres armes à feu.

La seconde catégorie désigne une arme plus lourde puisqu'il s'agissait d'une bouche à feu, proche du canon. Elle reposait sur un affût et lançait des projectiles lourds, soit de la pierraille, soit des boulets en fonte ou en fer. Les vestiges archéologiques découverts au pied de la Grande Muraille révèlent que, dans la Chine ancienne, il existait des canons de toutes sortes. La plupart étaient en fonte ou en bronze mais certains étaient aussi en pierre.

4. Armes composées d'une lame ou d'une pointe métallique fixée au bout d'un long manche (NdÉ).

La muraille de la Montagne du Dragon Sinueux, à Gubeikou, dans le comté de Miyun de la municipalité de Pékin.

Chapitre 4

LES SECRETS DE SA CONSTRUCTION

长

城

La Grande Muraille fut bâtie sur des emplacements propices à la fois à l'attaque et à la défense

L'art de la guerre implique de savoir faire bon usage de la topographie. Ainsi les ouvrages de défense de la Grande Muraille s'appuyaient tous sur les barrières naturelles, montagnes, escarpements, fleuves et vallées profondes, qu'ils venaient prolonger ou compléter. Les lieux de construction des places fortes défensives les plus importantes, intégrées aux murailles, étaient soigneusement choisis.

Les dimensions des ouvrages et le choix des matériaux dépendaient des priorités stratégiques locales et de la topographie.

L'exploration actuelle des différents sites a révélé à plusieurs reprises l'utilisation remarquable des conditions topographiques. À Badading, au nord-ouest de Pékin par exemple, les remparts sont adossés à une crête dont le point culminant s'élève à environ 1000 mètres. Ce sommet, opposant à l'ennemi un obstacle quasi infranchissable, rendait ainsi le rempart indestructible.

Ailleurs, des falaises ont été intégrées aux ouvrages défensifs. On adoptait alors les techniques de «rempart collé à la falaise» et de «rempart relié à une crête».

En maints endroits, vue de l'extérieur, la Grande Muraille pouvait paraître infranchissable alors qu'elle était en revanche aisément accessible de l'intérieur. Son architecture extérieure était conçue pour intimider l'ennemi tandis que les voies d'accès intérieures étaient pensées pour faciliter au maximum les déplacements des défenseurs.

Là où une falaise accordait naturellement un avantage décisif à la défense, la construction se limitait à l'ajout de quelques murets. Dans des lieux escarpés, hors de portée de l'ennemi, l'édification d'un mur devenait inutile.

Le choix des emplacements de la Grande Muraille s'est toujours fondé sur la possibilité d'utiliser l'éventail le plus large des techniques existantes, l'objectif restant d'imaginer la construction la plus décourageante pour l'ennemi.

UNE CONCEPTION STRATÉGIQUE QUI SERVAIT LES BESOINS DE LA DÉFENSE

La Grande Muraille n'était pas seulement un long rempart. Autour des sites de la Grande Muraille à l'époque des Royaumes Combattants, dans la province du Hebei, en Mongolie intérieure par exemple, on construisit de nombreuses installations militaires adjacentes comme des tours d'alarme appelées des *Zhang*, puis, plus tard, un système postal organisé.

Au cours des Dynasties des Qin et des Han, les tentatives permanentes de grignotage des districts nomades eurent pour conséquence le perfectionnement des dispositifs défensifs et de l'architecture de la Grande Muraille.

Outre les *zhang* existantes, de nouvelles tours d'alarme plus grandes furent intégrées à la muraille et de nombreuses forteresses abritant des garnisons ajoutées. Un centre de communication fut installé dans chacune des passes lourdement protégées par des troupes déployées. Les remparts et fortins furent doublés par des douves extérieures et des barbacanes.

La Grande Muraille de la Dynastie des Jin obéissait à deux types de plans : un plan rectiligne et un plan en réseau, l'un et l'autre adaptés aux steppes et aux prairies mongoles. Aux endroits considérés comme des nœuds de communication, la défense des remparts était souvent soutenue par des fossés intérieurs, des douves extérieures, des murs en tenailles ou des bastions.

Du côté extérieur du rempart, on installa des plates-formes de tir (appelées «têtes de cheval») et on ajouta des tours de guet.

Du côté intérieur, les fortins et les passes avaient les fonctions suivantes :

– Forcer la cavalerie ennemie à mettre pied à terre pour espérer franchir les douves et s'approcher du rempart ;

– retarder ou bloquer la retraite de l'ennemi s'il avait franchi les douves mais n'avait pas encore réussi à passer le mur d'enceinte ;

– réduire la distance entre le fossé et le rempart pour empêcher des installations d'escalade.

Durant la Dynastie des Ming, ses dirigeants ayant basé leur défense sur la notion de «profondeur stratégique», l'efficacité de la Grande Muraille s'en trouva nettement accrue.

Leur Grande Muraille se divisait, en un rempart intérieur et un rempart extérieur. On y rajouta, de part et d'autre, de nombreux forts ainsi que des ouvrages défensifs : *zhencheng*, *weicheng*, *suocheng*, *guancheng* (porte de cité) et *bianbao* (forteresse frontalière) ; c'est l'addition de ces obstacles qui donne un sens à la profondeur stratégique, le tout formant un ensemble indissociable.

Toujours à Badaling et ses environs : une route secondaire menait aux cités de Juyongguan et, plus loin, à celles de Nankou. Chaque fois que l'ennemi voulait enfoncer la porte de l'une de ces cités, il devait livrer une bataille qui lui faisait subir de lourdes pertes. Mais la courte distance qui le séparait de la porte suivante, s'il empruntait la route secondaire, ne lui laissait pas le temps de récupérer pour un nouvel assaut, ce qui compromettait d'autant la prise de la cité suivante.

Une construction d'une qualité exceptionnelle

Il y a des siècles déjà, obéissant à un cahier des charges très strict et très exigeant sur la qualité des travaux, se soumettant aux respects des délais de livraison et des budgets établis, les bâtisseurs de la

Grande Muraille ont tous supervisé chaque étape de la construction dans le respect scrupuleux de la procédure.

L'utilisation optimale des matériaux locaux demeura un principe cardinal dans le choix des méthodes de construction et des plans des bâtiments. Les matériaux de l'époque étaient de la terre compressée, des pierres de taille, des dalles de pierre. Les techniques usitées étaient variées, on peut citer l'assemblage simultané de briques et de pierres ou le tassement de couches successives de branches d'osier rouge, de roseaux et de sable pour les tronçons dans les régions désertiques. Aujourd'hui encore, à Yumenguan et à Yangguan, dans la province de Gansu, ainsi qu'à Xianjiang, se dressent des vestiges de la Grande Muraille des Han occidentaux, vieux de plus de deux millénaires.

La gestion de chantiers de telles envergures posait des problèmes très complexes d'organisation. Pour tenter de pallier ces difficultés, au cours de toutes les époques, la Grande Muraille fut divisée en sections, et la gestion de chacune d'elles incombait à un sous-traitant local travaillant sous contrat.

La bonne compréhension par les chefs de chantier des plans établis, des méthodes détaillées de construction, de la qualité de l'ingénierie et de l'ensemble des données techniques était une condition essentielle à la progression régulière et soutenue des travaux imposée par les dirigeants successifs.

À l'époque de la Dynastie des Han, pendant la construction de la muraille située à Wuwei, Zhangye, Jiuquan et Dunhuang – les quatre comtés du Hexi –, la surveillance de la construction de chaque section du rempart et des ouvrages défensifs attenants revenait aux autorités des comtés. Les préfets étaient chargés de suivre l'avancement des travaux sur leur territoire.

Sous la Dynastie des Ming, ce furent les neuf villes de garnison principales à qui revinrent la charge de la construction et celle de l'entretien du monument dans chacune de leur zone respective de contrôle.

À Badaling, on a découvert récemment une tablette dont l'inscription mentionne la durée des travaux de construction de la muraille ; la date est la dixième année du règne de l'empereur Wanli de la Dynastie des Ming, c'est-à-dire 1582. La tablette détaille les travaux de maintenance, la main-d'œuvre, les matériaux, la largeur du rempart (5 chevaux ou 10 hommes devaient pouvoir s'y déplacer de front) et sa longueur. D'autres tablettes semblables ont été découvertes au pied des murailles situées dans le Hebei et le Beijing.

La topographie étant complexe et variée, faite de hauts sommets, de déserts, de plateaux comme celui du Lœss (dans la Chine du Nord traversée par le fleuve Jaune), la Dynastie des Ming, pour réduire les frais de transports et économiser l'énergie de la main-d'œuvre et les ressources matérielles, utilisa la pierre en montagne, la terre tassée dans les plaines ou encore la pierre sèche locale dans les contreforts des monts Beiserteng, dans le comté de Guyang, à Baotou, en Mongolie intérieure.

Mais la brique, la tuile et la chaux étaient les autres matériaux employés. Au pied de la muraille de Badaling, dans les villages de Banshengou et de Fuxinggou, dans le comté de Qingshuihe, en Mongolie intérieure, on a découvert des carrières de pierres datant de l'époque Ming. La pierre rouge utilisée pour les fondations du Banshen provenait de la carrière de Hongshitougou, où on voit encore aujourd'hui des dalles de pierre extraites à l'époque à l'état d'abandon. Au pied de la muraille de Banchangyu à Funing, dans la province du Hebei, on a découvert des dizaines de fours à briques destinés à la construction des remparts (cf. illustration p. 113).

La construction de la Grande Muraille représentait pour ses bâtisseurs un défi titanesque qui supposait de hisser des tonnes de briques et d'énormes dalles de pierre au sommet des crêtes. Pour ce faire, trois techniques principales étaient employées pour transporter les matériaux :

– Les briques, la chaux et les pierres étaient acheminées à dos d'hommes ou au moyen de paniers fixés sur une palanche[1]. Des longues chaînes d'ouvriers étaient organisées dans certains endroits particulièrement escarpés ;

– la mécanique était également sollicitée pour véhiculer toutes sortes de matériaux. Les bennes roulantes, les rondins, les barres à mine, les poulies, tous avaient un usage particulier. Pour traverser les vallées, on tendait une corde sur laquelle coulissaient des paniers ;

1. Morceau de bois en longueur, légèrement incurvé, porté sur l'épaule, et à chaque extrémité duquel on fixe une charge (NdÉ).

– l'usage de bêtes de somme permettait d'économiser l'énergie humaine. Des animaux de bât comme des chevaux, des mules et des ânes étaient spécialement harnachés. Ils charriaient des fardeaux de briques, de sable et de chaux. L'une des techniques, très souvent utilisée, consistait à charger des paniers sur le dos d'ânes ou de mulets qu'on chassait vers la montagne pour les rassembler une fois arrivés au sommet.

Une main-d'œuvre variée

L'ampleur des travaux de construction de la Grande Muraille nécessitait une main-d'œuvre abondante, non seulement sur les chantiers mais aussi dans le domaine de la logistique.

Trois sources alimentaient cet apport humain : les soldats des garnisons, les civils embauchés de force ou poussés par la faim et les prisonniers condamnés aux travaux forcés.

1. Les soldats

Dès la Grande Muraille de l'empereur Ying Zheng (247 à 221 av. J.-C.) jusqu'à celle de la Dynastie des Ming (1368 à 1644), c'est la soldatesque qui a fourni l'essentiel de la main-d'œuvre nécessaire. Quelles que soient les dynasties, travailler sur la Grande Muraille restait le devoir le plus important du soldat en garnison.

La Grande Muraille de l'empereur Ying Zheng fut bâtie en 9 ans par 300 000 fantassins. Le site archéologique fort bien préservé du comté de Guyang, en Mongolie intérieure, le démontre : sans l'intervention des troupes, la construction à travers les canyons et les ravins eût été impossible. La Grande Muraille des Han fut, elle, érigée en grande partie par des soldats en garnison. Chen Lin, poète très en vue pendant la période de Jian An (196 à 220 apr. J.-C.) sous la Dynastie des Han orientaux, écrivit ceci : « Le véritable guerrier préfère la mort dans la poussière du champ de bataille plutôt qu'une vie de misère passée à construire la Grande Muraille. » Ce vers exprime bien l'état d'esprit général et le quotidien des soldats de l'époque.

La Grande Muraille des Qi du Nord (550 à 577 apr. J.-C.) fut, elle aussi, construite par ses militaires. Leur motivation était stimulée par les dirigeants Qi qui les autorisaient à épouser des veuves for-

Un exemple des fours à briques installés le long des remparts.
Ici, au pied de la muraille de Banchangyu, à Funing, dans la province du Hebei.

Les tours de guet occupaient nécessairement des positions élevées.

cées à quitter l'arrière-pays pour les sites de construction de la muraille.

2. Les civils

Les populations civiles ont participé en masse à la construction de la Grande Muraille à toutes les époques de sa réalisation. Leur nombre variait d'une dizaine de milliers d'hommes à un million simultanément.

Sous la Dynastie des Qin (221 à 206 av. J.-C.) et plus précisément durant le règne de l'empereur Ying Zheng, en plus des soldats déjà mentionnés, près de 500 000 civils furent mobilisés pour construire la Grande Muraille.

Pendant la Dynastie des Jin (265 à 420 apr. J.-C.), outre le large fossé le long de la frontière nord creusé par 30 000 soldats sur plusieurs années, le percement des douves de Linhuang fut également accompli par des soldats, mais aussi par des civils dont un grand nombre de miséreux affamés.

Sous la Dynastie des Wei du Nord (420-589 apr. J.-C.), pour ériger la ligne défensive le long de la frontière, 100 000 civils furent recrutés dans les quatre préfectures de Sizhou, Youzhou, Dingzhou et Jizhou.

La Grande Muraille des Qi du Nord (550 à 577) reliant Xiakou à Hengzhou, a réclamé , quant à elle, l'intervention de 1800 civils.

3. Les prisonniers

Les prisonniers condamnés aux travaux forcés ont fréquemment supplémenté les ouvriers travaillant sur la Grande Muraille.

Sous les Dynasties des Qin et des Han, une sentence appelée *chengdan* consistait à envoyer les condamnés travailler sur des chantiers pendant quatre ans. Par exemple, en son temps, l'empereur Ying Zheng, pour réprimer toute contestation, donna l'ordre de brûler dans le mois tous les livres qui ne promouvaient pas ses principes. Au terme de ce mois, ceux chez qui l'on retrouvait encore de tels ouvrages étaient condamnés à avoir la tête rasée, à porter le carcan, et à un exil forcé dans les régions frontalières pour y construire la Grande Muraille.

Les prisonniers s'entraînaient à combattre durant la journée et travaillaient de nuit sur les chantiers.

En 1571, les *Notes sur l'Armement des Villes stratégiques frontalières* de l'Inspecteur impérial de la ville de Shuntian, Yang Zhao, stipulaient que les prisonniers de toutes les préfectures devaient être envoyés sur les chantiers de la Grande Muraille en échange de quoi, ils obtiendraient une remise de leur peine.

Le financement des travaux

Les fonds nécessaires à la construction provenaient surtout de subventions gouvernementales. Ces fonds dédiés aux chantiers de la Grande Muraille et des ouvrages de défense de la frontière, auxquels s'ajoutait le coût du service de garde des remparts, épuisaient une grande partie du trésor national.

Le prix des travaux était ponctionné sur le budget de la Défense. Exorbitant, il dépassait souvent les capacités financières du pays et faisait peser un trop lourd fardeau sur les épaules du peuple, ce qui aggravait les conflits sociaux déjà profonds.

Durant les dynasties successives, les besoins relatifs à la construction de la Grande Muraille ont varié en fonction des objectifs des dirigeants et de la situation politique du moment.

Sous les Dynasties des Qin et des Han, notamment à leurs arrivées au pouvoir, les travaux de construction et d'entretien de la Grande Muraille ont nécessité des ressources pharamineuses prélevées sur les taxes foncières et sur l'octroi.

Pour lever les fonds permettant l'envoi de troupes permanentes chargées de la construction de la Grande Muraille et de la protection des frontières, l'empereur Wudi, (156 à 87 av. J.-C.) le 7ème et plus important empereur de la Dynastie des Han, nationalisa le sel, le fer et l'alcool, dont il fit des monopoles d'État.

Malgré ces initiatives, l'aggravation des guerres civiles et l'augmentation du nombre des intrusions des peuplades barbares firent exploser les besoins financiers qui atteignirent des niveaux que les revenus ordinaires ne comblaient plus. Pour tenter d'y remédier, les dirigeants se mirent à vendre des postes officiels et des titres honorifiques aux plus offrants, tout en instaurant en parallèle une politique pénale qui autorisait l'amnistie des criminels contre le paiement de lourdes amendes. Pourtant, à la fin de la Dynastie des Han occidentaux et durant la Dynastie des Han orientaux, le trésor national se trouva exsangue et le pays entra dans une période marquée par la dépression économique et les désordres sociaux.

Les archives historiques qui traitent de la Dynastie des Ming contiennent de nombreuses lettres de commandants de garnisons, adressées à la Cour impériale pour demander des fonds supplémentaires.

Tel Weng Wanda, le gouverneur de Xuanfu et Datong (province de Shanxi), sous les Ming, qui adressa une missive à la cour impériale pour solliciter une augmentation du budget[2]. En voici quelques extraits : « La Grande Muraille nécessite une extension d'environ 130 *li* (...) ainsi que l'addition d'un rempart d'appoint (...) La facture totale s'élèvera à environ 290 000 *liang* [ou *taël*] d'or. »

Ces mêmes *Mémoires* attestent que, au cours du mois lunaire de juillet de cette même année, Weng Wanda et ses administrateurs avaient fait construire 138 *li* (69 kms) de remparts d'appoint, 7 châteaux et 154 fortins, à Tiancheng, Yanghe, Kaishankou, Donglu et Datong, ainsi que 64 *li* (32 kms) de remparts d'appoint, 10 tours de guet et 50 *li* (25 kms) de perce-

2. Cette supplique figure dans les *Mémoires* de l'Empereur Shizong de la Dynastie des Ming (NdÉ).

ment de falaises et de collines, à Xiyanghe, Ximalin, Zhangjiakoubao, Xilu et Xuanfu ; il leur avait suffi d'une cinquantaine de jours pour accomplir cet exploit d'ingénierie tout en épargnant un montant de 90 000 *liang* d'or par rapport au devis initial.

À partir des Trois Royaumes (220 apr. J.-C.), la taxe foncière et l'impôt sur le revenu fournirent l'essentiel des fonds pour la construction de la Grande Muraille. Sous la Dynastie des Ming, une taxe foncière supplémentaire fut imposée. Son montant était variable mais elle restait en augmentation constante. À la fin des Ming, les dépenses militaires ayant suivi une courbe ascendante, les taxes et les impôts de toutes sortes s'alourdirent. Les soldes des militaires postés aux frontières pour harceler l'ennemi et s'exercer sur les champs de manœuvres, avaient atteint de tels niveaux que la Cour impériale releva la taxe foncière extraordinaire de plus de 20% du montant national de 16 000 *liang* d'argent ; cela représentait une augmentation de plus de cinquante pour cent.

Cette taxation abusive finit par avoir raison de l'économie qui s'effondra. La classe paysanne, ne pouvant plus suppor-

ter le poids de ces impôts, tout en s'érigeant contre la corruption de nombreux officiels, se souleva en masse pour finir par renverser la Dynastie des Ming.

La fonction des différentes constructions qui composent la Grande Muraille

La Grande Muraille était constituée d'une série d'ouvrages tels des fossés, des forteresses, des tours de guet, des tours défense, des passes, des fortins qui venaient compléter le rôle des remparts et formaient ainsi une construction militaire très efficace.

1. Les remparts

Les remparts représentent la colonne vertébrale de la Grande Muraille.

Les premiers remparts de la Dynastie des Qin étaient de deux types : soit de lœss (roche sédimentaire) tassé, soit de pierres sèches.

Le lœss tassé a été beaucoup utilisé en Chine septentrionale, dans la région de Pingchuan, à faible pluviosité. On peut encore voir de nos jours, au pied des monts Daqing, des vestiges des remparts de l'État de Zhao de près de 5,5 mètres de hauteur.

Quant à la pierre sèche, elle était essentiellement utilisée dans les régions montagneuses, ou celles proches de carrières. Une grande partie des murs construits avant la Dynastie des Ming fut érigée avec ce matériau.

Les remparts de pierres de la Dynastie des Qi, à Laiwu, ont 4 et 5 mètres d'épaisseur et mesurent entre 1 et 4 mètres de hauteur.

La Grande Muraille des Qin, à Guyang, montre l'utilisation de larges dalles de pierres plus régulières.

La Grande Muraille des Ming bien conservée, et dont certains tronçons sont encore en bon état de nos jours, atteste que la paroi extérieure des remparts était parementée de briques. La structure des murs diffère selon leurs emplacements. En plaines et dans les passes importantes, les remparts sont hauts et puissants, dans les reliefs escarpés, ils sont plus trapus. Ceux de la chaîne des monts Jinshan, de Shanhaiguan, de Badaling et d'autres régions du Hebei et des environs de Pékin mesurent en moyenne plus de 10 mètres de haut, de 7 à 8 mètres d'épaisseur à la

Des gargouilles en pierre éjectaient l'eau à l'extérieur du rempart.

base, et entre 4 et 5 mètres d'épaisseur au sommet. Un mortier de chaux cimente les briques et comble les crevasses. Les briques mesurent 40 centimètres de long, 20 centimètres de large et 10 centimètres d'épaisseur. Elles pèsent environ 15 kilogrammes.

Sur les remparts, le chemin de ronde est pavé de briques ; sa largeur confortable permettait le déplacement des troupes ainsi que le transport des armes et des munitions.

Les chemins de ronde étaient protégés par un parapet d'1 mètre de haut qui prévenait la chute de chevaux ou de soldats.

Sur la face extérieure du sommet des remparts, une rangée de créneaux d'environ 2 mètres de haut assurait la protection des tireurs et des guetteurs. Dans certaines sections, les deux côtés du rempart étaient crénelés pour empêcher l'ennemi d'attaquer de l'intérieur.

Une couche de briques de faîte protégeait le dessus des parapets et des créneaux ; leur centre était bombé pour ne pas donner prise aux eaux de ruissellement. Un système de gouttières et de gargouilles canalisait l'eau de pluie ainsi récupérée dans un réversoir en pierre au pied de la paroi intérieure du rempart.

2. Les tours de défense

Une tour de défense était un ouvrage bâti sur le rempart lui-même pour empêcher les troupes ennemies, éventuellement parvenues à grimper le long des murs, et prêtes à envahir le chemin de ronde, de se répandre. De l'intérieur de ces tours, les défenseurs pouvaient harceler l'ennemi par des tirs de flanquement lancés à travers des meurtrières et des créneaux. Les murs obliques augmentaient l'angle de tirs et des rampes permettaient d'y accéder, y compris avec des chariots ou des chevaux. Le nombre de tours dépendait de l'inclinaison du rempart.

Les tours de défense bâties en général de manière excentrée par rapport au rempart, du côté ennemi protégeaient efficacement les hauteurs.

3. Les fortins

Le fortin était une redoute implantée à un point stratégique. Il était détaché du rempart principal, du côté extérieur, à une distance qui pouvait varier entre 50 et 100 mètres. La topographie conditionnait la dimension du fortin. Sur terrain plat, il était généralement haut et épais ; sur terrain accidenté, il dépassait rarement 3 à 5 mètres de hauteur.

Quelquefois, plusieurs fortins étaient construits pour défendre un même lieu. De nombreuses passes de la Grande Muraille étaient appelées « triple passe » car la porte principale était flanquée de deux fortins qui la protégeaient d'une attaque frontale.

Toujours montés en briques et en pierres, les fortins étaient généralement construits sur une hauteur, pour contraindre l'ennemi à engager le combat avant même d'être parvenu au pied du rempart proprement dit. Pour accéder au fortin, l'ennemi devait attaquer en contrebas et, de ce fait, subissait d'emblée de lourdes pertes.

Les fortins abritaient des troupes mobiles disponibles pour engager l'ennemi à l'extérieur du rempart principal.

Les murs de briques de certains fortins de la Grande Muraille des Jin avaient une particularité : percés de meurtrières sur plusieurs niveaux, ils permettaient aux soldats de tirer dans toutes sortes de positions – à plat ventre, à genoux ou debout. Ces meurtrières mesuraient une trentaine de centimètres de large. Chaque mur en comportait trois rangées. Ces fortins avaient l'avantage d'offrir une excellente protection aux soldats qu'ils abritaient.

4. Tours de guet, plates-formes de tir et tours d'alarme

Les tours de guet

Les tours de guet étaient généralement érigées en hauteur, du côté intérieur du rempart, d'où elles pouvaient être aisément défendues. Leurs quatre murs étaient percés de meurtrières.

De forme carrée ou rectangulaire, ces tours mesuraient en général entre 12 et 15 mètres de haut, mais certaines pouvaient être beaucoup plus hautes. Leur largeur dépendait du terrain et des conditions défensives. Elles possédaient souvent deux ou trois étages parfois surmontés d'une tourelle mobile en bois d'où les archers tiraient sur de longues distances et alertaient les patrouilles par signaux. Un parapet crénelé protégeait la terrasse.

L'étage intermédiaire servait de poste de tir.

Le rez-de-chaussée servait de corps de garde et de magasin à provisions, eau potable et munitions.

Les étages étaient tous desservis par des escaliers en pierres ou en bois, parfois par des échelles de corde.

Il arrivait qu'elles servent aussi d'abris provisoires aux garnisons.

Les plates-formes de tir

Elles portaient le nom de « têtes de cheval ». Comme les tours de défense, les plates-formes de tir étaient excentrées par rapport à l'axe du rempart, du côté extérieur. Sur les trois côtés exposés à l'ennemi, un parapet crénelé ou percé de meurtrières protégeait les défenseurs. À l'instar des tours de défense, à l'approche de l'ennemi, elles permettaient les tirs de flanquement.

À l'époque des Royaumes Combattants, les plates-formes de tir ont été fréquemment utilisées pour la défense des remparts. La distance entre deux plates-formes correspondait à la portée de tir des armes de jet ou des armes à feu. Sur les remparts de l'époque des Ming, on installait quelques fois des sortes de guérites mobiles en bois qui servaient d'abris aux patrouilles pendant les tempêtes.

Les tours d'alarme

On les appelait aussi « tours à feu », « tours de balise et de guet » ou « tours à fumée de crottes de loup ».

De forme variée, leur construction répondait aux besoins militaires de vigilance et de communication.

Elles préexistaient à la Grande Muraille mais firent plus tard partie intégrante de son système de défense.

Les tours d'alarme étaient montées à partir de matériaux divers dont le lœss compressé, la pierre, la terre ou la brique d'adobe (de l'argile mélangée à de l'eau et à de la paille), la préférence allant aux deux premiers. D'une façon générale, les tours étaient bâties avec les mêmes matériaux que ceux des remparts voisins.

Dans le Gansu et le Xinjiang, de nombreuses tours d'alarme de la Dynastie des Han se dressent encore. La plupart sont en terre. De forme carrée, elles mesurent entre 6 et 7 mètres de large, pour 7 mètres de haut.

Dans le sud de la Chine, des masures entouraient parfois les tours. Certaines ont survécu et leurs vestiges indiquent que les terres avaient été défrichées par les troupes de garnison.

Des deux côtés du rempart en briques de la période des Ming, les tours d'alarme ont été essentiellement construites en pierres, quelques-unes l'ont été en briques à l'identique du rempart. Leurs dimensions variaient selon leur emplacement et elles pouvaient mesurer entre 5 et 8 mètres de côté et 6 mètres de haut, bien plus épaisses à la base qu'au sommet.

Un poste de garde se dressait sur la terrasse.

Les tours d'alarme construites en briques reposaient sur des fondations en blocage surmontées d'une base en pierres taillées au-dessus desquelles on montait un mur de briques grises, liées par un mortier de chaux.

Sous les Ming, il existait trois sortes de tours d'alarme de fonctions différentes.

– Les premières, appelées «tours d'alarme voisines» ou «tours flanquées», avoisinaient la Grande Muraille ;

– les deuxièmes, appelées «tours extérieures d'alarme», rayonnaient à partir du rempart de la Grande Muraille en s'en éloignant ;

– les dernières, appelées «tours intérieures d'alarme», permettaient à un endroit donné des remparts de communiquer avec le Bureau de l'Armée et le poste de Garde, situés à un autre point de la Grande Muraille.

5. *Passes et forteresses*

Le long de la Grande Muraille, les portes, dites «passes», étaient des ouvrages puissamment fortifiés qui servaient de casernes aux troupes.

Elles défendaient des endroits d'importance stratégique majeure, leur construction en des lieux parfaitement bien sélectionnés permettait à un petit groupe de soldats de contenir un fort contingent ennemi. Les passes étaient généralement situées au sommet de cols faciles à garder. Certaines contrôlaient le fond d'une vallée ou d'une gorge.

La plupart des passes permettaient l'accès d'un côté ou de l'autre de la muraille à partir de la cité avoisinante. Étant des éléments charnières du système de défense de la Grande Muraille, leur importance était de taille. Même quand les remparts avaient été partiellement détruits, ces passes solidement défendues restaient à elles seules capables de repousser l'ennemi.

Les passes de la Grande Muraille des Ming reflètent une grande maturité en matière d'architecture militaire. Plusieurs milliers de passes et de forteresses ont été bâties par les Ming le long de la Grande Muraille sur plus de 7000 kilomètres, comme à Fushunguan, Shanhaiguan, Gubeikou, Huang'aiguan, Shangjinguan et Jiayuguan. Les célèbres «trois passes intérieures» (Juyongguan, Zijingguan, Daomaguan) et «trois passes extérieures» (Pianguan, Ningwuguan, Yanmenguan) renforçaient la défense de la capitale et de ses environs.

Les passes des cités se composent principalement d'un ensemble de forteresses carrées ou polygonales, de portes puissamment blindées, de tours et de plates-formes citadines.

Dans les plaines, les accès aux cités étaient protégés par une porte, elle-même sécurisée par une enceinte circulaire fortifiée et l'ensemble était encerclé par des fossés ou des douves.

À proximité des passes les plus importantes, on ajoutait à cette architecture militaire, la construction de forteresses auxiliaires pour servir de protection périphérique renforcée.

Les dimensions d'une porte fortifiée de cité dépendaient de son risque d'invasion. La plupart d'entre elles pouvaient abriter un important corps d'armée, un arsenal, des vivres et du matériel militaire, elles étaient donc à elles seules d'authentiques postes de combat au sein de la zone de contrôle.

Les portes

Les portes étaient à proprement dit le lieu de passage à l'intérieur d'une passe.

Une tour de guet à plusieurs étages : le premier abritait les troupes et les vivres ; le deuxième permettait les tirs et la terrasse supportait une tourelle de bois employée à la surveillance des alentours.

En temps de paix, leur accès dépendait des règlements administratifs.

En temps de guerre, on ne les ouvrait qu'en cas de nécessité d'une contre-attaque. Au début, constituées de simples panneaux de bois, elles prirent, sous les Ming, la forme d'une arche de briques et de pierres taillées que l'on appelait *quanmen*.

Un panneau de bois fermait le haut de l'arche et indiquait le nom de la cité ou de la passe. Les lourds vantaux étaient blindés et cloutés. D'énormes chaînes et anneaux servaient à les cadenasser.

Les tours citadines

Les portes des cités étaient fortifiées par une tour de deux ou trois étages armée de bretèches ou d'échauguettes aux angles. Ces tours servaient tout à fois de poste d'observation, de centre de commandement et de forteresse en cas de bataille. L'architecture de la plupart des tours citadines reposait sur une ossature de madriers consolidée par des colombages de bois et de briques.

Les passes fluviales

Quand elle traversait un cours d'eau, la Grande Muraille ne pouvait ni bloquer le courant ni, à l'inverse, laisser un vide dans son dispositif de défense, d'où l'invention des passes fluviales.

Les plus petites sont de simples caniveaux creusés sous les remparts, les plus importantes sont beaucoup plus complexes.

La Grande Muraille de Jiumenkou, par exemple, franchit la rivière Jiujiang grâce au pont fortifié de la cité de Jiumen.

Les urnes

On appelait « urne » un faubourg fortifié installé à la sortie de la porte d'une cité, du côté extérieur.

Son mur d'enceinte, bâti au même niveau que le rempart principal, était soit circulaire soit carré. Il portait le nom de « filet ». Leur rôle était de doter la cité de profondeur stratégique et de muscler son dispositif défensif. La porte de l'urne était souvent alignée sur celle de la cité. Ainsi, quand l'ennemi donnait l'assaut à la porte de l'urne, il tournait le dos à la porte de la cité, se mettant ainsi dans une situation inconfortable car, du haut des remparts, les défenseurs faisaient pleuvoir sur lui un déluge de flèches.

Les fossés et les douves

Les douves étaient des fossés creusés autour de la cité principale. Pour les remplir, on détournait les rivières locales.

Les douves étaient généralement creusées en premier, la terre extraite servait ensuite de remblais pour la construction des remparts. Certaines d'entre elles atteignaient des dimensions impressionnantes, comme celle de Shanhaiguan profonde de 6 mètres et large de 15 mètres.

La double rangée de remparts de la Grande Muraille le long du fleuve Jaune dans le Shanxi interdisait le libre accès à la rive.

Le Jiumenkou est la plus longue passe fluviale de la Grande Muraille.

Annexes

UNE VISITE GUIDÉE DES PLUS BELLES PASSES DE LA GRANDE MURAILLE

LA MURAILLE DE JINGDONG

HUSHAN

La muraille de Hushan, construite en 1469 sous la Dynastie des Ming, est proche de la rivière Yalu, dans la province de Liaoning, et de Dandong, un lieu d'une haute importance stratégique. C'est là que débute la Grande Muraille des Ming avant de s'orienter vers l'est. Son système défensif est complexe et varié, composé entre autres de remparts, de bastions, de tours de guet, de saillants destinés à briser une charge de cavalerie.

Le Jiangyantaibao de la muraille de Hushan, à Liaoning.

Longtemps, on a cru à tort que la Grande Muraille allait de Shanhaiguan (son extrémité orientale) à Jiayuguan. Dans un premier temps, il est vrai que Shanhaiguan avait été choisi par Xu Da, au XIVe siècle, comme point de départ des travaux côté est.

La construction de la muraille de Liaodong a débuté au cours de la période Chenghua de la Dynastie des Ming mais le plus gros de ses remparts fut démantelé à la suite de la prise de Shanhaiguan par les Mandchous lors de leurs opérations de guerre contre les Ming. En revanche, les autres sections situées à l'ouest de Shanhaiguan, plus solides, sont restées en excellent état. Shanhaiguan et Jiayuguan font une belle et majestueuse symétrie.

Aujourd'hui, il ne reste plus grand-chose de la muraille de Hushan. De 1992 à 1994, le gouvernement du comté de Kuandian a engagé et suivi la restauration d'une portion de rempart de 670 mètres de long. Entre 2000 et 2002, le bureau administratif du site exceptionnel de la rivière Yalu a supervisé la restauration du rempart principal sur une longueur de 1200 mètres. À l'occasion de ces deux chantiers, les galeries du pont, les tours de guet, les plates-formes de tir, les tours d'alarme, et d'autres annexes de la Grande Muraille ont, eux aussi, été restaurés.

Jiumenkou

Jiumenkou, située à proximité de la ville de Ji, était la passe la plus importante de la Grande Muraille des Ming. Elle se trouve à la frontière entre le comté de Funing, dans le Hebei, et le comté de Suizhong. À cet endroit, la Grande Muraille traverse la rivière Jiujiang par le pont Jiumen; avec ses bastions et ses remparts, l'ensemble forme une passe stratégique unique en son genre. Jiumenkou, qu'on appelle aussi «la Chaussée de Pierre», doit son nom au fait que le lit de la rivière sous le pont Jiumen a été pavé sur plus de 7000 mètres carrés de dalles de granite solidement raccordées les unes aux autres par un jeu d'assemblage à queue d'aronde avec tenons et mortaises en fer forgé.

Le pont de la rivière Jiujiang est le chef-d'œuvre de Jiumenkou. Ses extrémités sont marquées par deux puissants fortins rectangulaires bâtis sur les berges. Chaque fortin mesure 16 mètres de long d'est en ouest sur 12 mètres de large. Deux tours de défense en saillie jouxtent les fortins pour assurer la protection du pont. Les trois parapets au sommet des tours comportent sept créneaux permettant de tirer au canon. Ces tours pouvaient abriter plus de dix soldats.

Laolongtou

Laolongtou, «Gueule du Vieux Dragon», se trouve au bord du golfe de Bohai. Lorsque le général Xu Da – l'un des fondateurs de la Dynastie des Ming – entama les travaux de construction de la Grande Muraille, il choisit Laolongtou comme point de départ à l'est. À cet endroit, la Grande Muraille ressemble à un dragon qui déroule ses anneaux en descendant de la montagne et plonge sa tête dans l'océan; c'est pourquoi on lui a donné ce nom.

En 1579, à Laolongtou, Qi Jiguang supervisa la construction d'une citadelle de pierres de 23 mètres de long qui s'avance dans la mer; il la nomma «la Citadelle de Ninghai». Il fit ensuite construire la première passe de la muraille du Hebei, Nanhaikouguan, ainsi que la première tour de guet, Jinglutai. On lui doit enfin l'élégant pavillon, appelé «Chenghailou», qu'il fit élever plus tard, sur l'esplanade.

Le Chenghailou de la Grande Muraille sert de tour à la cité de Ninghai, dans l'estuaire de la Laolongtou.

La topographie de Laolongtou en faisait un lieu particulièrement propice à l'installation d'un réseau défensif qui s'appuyait sur la proximité de la montagne et de la mer, ainsi que la construction d'une passe d'une importance stratégique considérable capable de contrôler à la fois les villes de Ji et de Liaodong. Laolongtou rassemble Jinglutai, Nanhaikouguan, Chenghailou, la citadelle de Ninghai, et la muraille du bord de mer.

Chenghailou est le bâtiment le plus élevé de Laolongtou. Au départ, il s'agissait d'un simple fortin. Une fois les Plaines centrales unifiées par les empereurs de la Dynastie des Qin, Chenghailou, transformé en pavillon, devint un lieu à la mode où lettrés et artistes venaient contempler la mer et exprimer leurs émotions esthétiques. Chenghailou était également un lieu de détente apprécié par de nombreux empereurs de la Dynastie des Qin.

SHANHAIGUAN

On doit aussi la construction de cette passe fortifiée à Xu Da en 1381 sous les Ming. Située à la jonction d'une montagne et de la mer, la citadelle fut nommée Shanhaiguan, « la passe de la montagne et de la mer ». C'est l'une des plus célèbres de la Grande Muraille des Ming ; elle se trouve à l'est de Qinhuangdao, dans le Hebei. Au nord, s'élève le mont Yanshan, au sud, s'étend le golfe de Bohai. Le site est donc à la fois majestueux et stratégique. En temps de paix, c'était un lieu important d'échanges économiques et culturels entre les populations vivant de part et d'autre de la frontière. En période de conflit, la place forte était farouchement disputée.

Shanhaiguan a un périmètre de 4 kilomètres. Ses douves ont été creusées sur 16 mètres de large sur 8 mètres de profondeur. Le rempart mesure 12 mètres de haut. Des portes ont été construites aux quatre points cardinaux de la citadelle. La porte est se nomme Zhendongmen, « la porte qui garde l'orient » : elle s'ouvre sur la partie extérieure de la Grande Muraille. C'est la mieux conservée des quatre portes. La porte ouest porte le nom de Ying'enmen, « la porte de l'accueil souriant » : elle donne sur l'intérieur de la citadelle. Celle du sud porte le nom de Wangyangmen, « la porte océane » : elle s'ouvre sur le golfe. Enfin, la porte nord s'appelle Waiyuanmen, « la porte de la Grande Muraille en majesté » : elle permet d'accéder aux remparts sinueux de la Grande Muraille.

Sur sa puissante plate-forme, s'élève un pavillon qui porte l'inscription : « Première Passe du Monde. » La surface totale de ce pavillon est de 198 mètres carrés. Un toit double incurvé couvre le bâtiment. Les deux avant-toits de l'arrête sont symétriques. Les murs sont faits de briques et de madriers. Les corniches d'angle sont décorées de motifs animaux. Les pannes des avant-toits, et les poutres intérieures et extérieures sont décorées de peintures de couleurs vives dans le style des Ming.

À l'extérieur, les portes est et ouest sont flanquées de redoutes. Alors que des bastions protègent les portes sud et nord. À la périphérie de Shanhaiguan, s'élèvent divers ouvrages fortifiés, *wei*, *suo*, fortins, tours d'alarme et de défense, destinés à compléter le dispositif défensif de Shanhaiguan.

Xifengkou

Xifengkou se trouve à une cinquantaine de kilomètres du comté de Qianxi, dans le Hebei. La Grande Muraille y traverse du nord au sud la vallée de la rivière Luan dans un paysage de hautes collines. Jadis, le lieu s'appelait «Lulongsai». Sous la Dynastie des Han, une passe portant le nom de Songtingguan y fut construite.

Songtingguan a été énormément utilisée. Vers la fin de la dynastie des Han orientaux, quand Cao Cao combattait les Wuhuan de Liaoxi, les régiments Han l'empruntèrent. De même, sous la Dynastie des Jin orientaux, quand les troupes des Yan se lancèrent à l'attaque des Plaines centrales, elles traversèrent aussi cette passe.

Une légende célèbre explique son nom actuel. Un soldat de la garnison locale n'était pas retourné chez lui depuis fort longtemps. Son père, craignant de mourir sans revoir son fils, partit à sa recherche. Père et fils se rencontrèrent au pied de la passe. Mais tout à la joie de revoir son fils, le père décéda de bonheur. Il fut inhumé sur place et on donna à cette passe le nom de Xifengkou, «la passe des heureuses retrouvailles».

Xifengkou fut construite en 1452. Son architecture est unique. Pour perfectionner le dispositif de défense, trois portes y furent bâties en succession dans un couloir aux parois de briques montées sur une fondation en pierres. Une tour de guet s'élevait au-dessus des remparts. Puissamment fortifié, le rempart occidental fut relié au corps principal de la Grande Muraille.

En 1976, le barrage de Panjiakou fut inauguré et les eaux du réservoir finirent par engloutir Xifengkou et ses passes, ne laissant émerger que quelques tronçons de rempart. Aujourd'hui, la Grande Muraille serpente sur le dos des collines, puis s'avance vers la berge du lac et s'enfonce dans les eaux, un peu comme un immense dragon qui plongerait la tête pour boire.

Huang'aiguan

Huang'aiguan est une passe importante de la Grande Muraille des Ming, proche de la ville de Ji. Sa construction a été entamée sous la Dynastie des Qi du Nord. Abîmé, l'ouvrage fut réparé sous la Dynastie des Ming. Il comporte une passe principale, une passe fluviale et deux remparts qui s'étendent de chaque côté de la porte de la citadelle. À l'est de la passe, s'élèvent de hautes falaises dont les parois de roche jaune brun se teintent de couleur dorée au soleil couchant. Ce phénomène spectaculaire a valu à Huang'aiguan le nom poétique de « falaise d'or au crépuscule » (précisément « la passe de la falaise d'or »).

LA MAJESTÉ DE LA GRANDE MURAILLE AUX ENVIRONS DE LA CAPITALE

Simatai

Simatai se trouve au nord-est du comté de Miyun, à 120 kilomètres de Pékin. Elle part de Wangjinglou, à l'est, et rejoint la muraille de la Crête de la Colline d'Or, à l'ouest. Sa construction a commencé au XIVe siècle avec le règne de l'empereur Hongwu au début de la Dynastie des Ming. Durant la période de l'empereur Wanli, les travaux sur les remparts et les tours de guet en briques se sont poursuivis. La passe de Simatai est située au niveau du canyon qui relie le réservoir de Simatai et la Grande Muraille d'est en ouest. Du fait de la nature très accidentée du terrain, ce tronçon fait appel à de nombreux types d'architecture militaire. On y trouve des remparts simples, des remparts doubles, des murs de briques, des murs de pierres, et toutes sortes de dispositifs fortifiés pour l'attaque et la défense. Sur terrain plat, le rempart est haut et puissant, il fait entre 5 et 6 mètres d'épaisseur. À flanc de précipice, la partie du rempart qui grimpe au sommet ne mesure qu'un mètre de large et ne permet le passage que d'une seule personne.

Quand les touristes, qui font l'ascension de la muraille de Simatai, lèvent les yeux, une

Vue sur les montagnes, un matin brumeux, depuis la Grande Muraille entre Jinshanling et Simatai.

ligne continue prenant le ciel d'assaut s'offre à eux. Ce tronçon de 2,4 kilomètres de long franchit un dénivelé de 295 à 986 mètres. Au sommet, se trouve la tour Wangjinglou, culminant à 1000 mètres au-dessus du niveau de la mer. On accède à son sommet par «l'escalier du paradis» dont les marches s'élèvent d'une centaine de mètres du bas en haut avec une déclinaison de plus de 80°, proche de la verticale. On raconte que, jadis, quand le ciel nocturne était clair, on apercevait, de la tour, les lanternes de Pékin scintillant comme des myriades d'étoiles.

La Crête de la Colline d'Or

La muraille de la Colline d'Or se trouve à la frontière entre le comté de Miyun, dans le territoire de la municipalité de Pékin, et le comté de Luanping, dans le Hebei. Ce tronçon est ainsi nommé car il franchit les crêtes des Collines d'Or. Il est particulièrement représentatif des prouesses d'ingénierie accomplies par les bâtisseurs de la Grande Muraille. Le terrain est terriblement encaissé mais il offre un point de vue exceptionnel. En raison de sa proximité avec la capitale, la construction de cet ensemble fortifié a été très coûteuse, en termes de financement ou de ressources matérielles. Ce tronçon repose sur une fondation de gros blocs de pierre sur laquelle s'élève un rempart de briques grises d'une hauteur de 5 à 8 mètres.

La muraille de la Crête de la Colline d'Or, dans le comté de Luanping de la province du Hebei.

Au pied du côté intérieur du rempart, proches de la tour de guet, se trouvent des poternes en plein cintre. Le mur extérieur comporte des mâchicoulis qui permettaient de laisser tomber de grosses pierres et d'autres projectiles sur l'ennemi en contrebas. Ce tronçon inclut également un grand nombre de passes transversales qui facilitaient la communication entre l'extérieur et l'intérieur de la muraille, et permettaient également aux défenseurs de patrouiller et d'engager l'ennemi.

Une des particularités de la muraille de la Crête de la Colline d'Or consiste en son nombre impressionnant de tours de guet. Il y en a une tous les 100 mètres. Sur les pentes et les sommets très escarpés, la distance est même réduite à 50 mètres. Les murs sont soit crénelés, soit percés de meurtrières dont le nombre dépend de la taille de la tour. Les plus petites n'en ont que deux ou trois, les autres, quatre ou cinq. Sur la terrasse, les parapets disposaient de barbacanes appelées « Loulu » ou « Pufang ».

GUBEIKOU

La passe de Gubeikou est située au nord du comté de Miyun, dans le territoire de Pékin. Elle se trouve dans un défilé qui fait communiquer le sud et le nord de la chaîne des monts Yanshan. Située au nord de la montagne du Tigre accroupi, on appelait cette passe la « Passe du Tigre du Nord ».

Les débuts de sa construction remontent à la Dynastie des Qi du Nord au VIe siècle. Sous la Dynastie des Jin au XIIIe siècle, elle changea de nom et devint « la Passe de la Porte de Fer ». Cette « Porte de Fer » était l'entrée principale de Gubeikou et avait la particularité d'être très étroite : une charrette ne pouvait la traverser !

Quand la Dynastie des Ming renversa celle des Yuan, la construction de la Grande Muraille reprit et Gubeikou fut la première passe reconstruite par Xu Da (général célèbre qui a contribué à la fondation de la dynastie). Au mois lunaire d'août 1550, Anda, le chef de guerre de la tribu mongole des Tartares, ordonna à sa cavalerie de suivre le lit de la Chaohe et de prendre Gubeikou d'assaut ; il mit ensuite le siège devant Pékin ; pendant trois longs jours, il pilla et ravagea les alentours de la ville. Ce désastre est resté dans l'Histoire sous le nom de « l'Incident de Geng Xu ». Par la suite, la Cour impériale décida d'intensifier les travaux de défense sur ce tronçon. C'est ainsi que la muraille de Gubeikou fut transformée en un dispositif complet de défense, comprenant plusieurs citadelles reliées les unes aux autres et des tours de guet à intervalles réguliers pour coordonner la chaîne de commandement. La citadelle qui protège la passe porte le nom de Yingcheng, « le campement ». Posée sur le sommet, elle s'étend de la « Porte de la Passe de l'Orient », à l'est, jusqu'aux rives de la Chaohe, à l'ouest. La citadelle a un périmètre de 2 kilomètres, et trois portes qui donnent à l'est, au nord et au sud.

Mutianyu

Mutianyu se trouve dans le district de Huairou de la municipalité de Pékin, à 73 kilomètres du centre de la capitale. Cette passe fut construite au fond d'une vallée au sol granitique. Près de la passe, les différences en altitude des pics montagneux ne dépassent pas une centaine de mètres. L'architecture de Mutianyu est unique. La passe est protégée par trois tours de guet bâties en succession ; la plus haute est celle du milieu. Sur la terrasse de chacune se dressait un pavillon. Les portes de la passe ne se trouvaient pas au centre de la plate-forme mais de part et d'autre. Les remparts de cette section sont puissamment fortifiés et les tours de guet hautes et difficiles d'accès. Le rempart fait 6 à 7 mètres d'épaisseur à la base et 4 à 5 mètres au sommet, lequel culmine à environ 8 mètres. Les parois extérieure et intérieure du rempart sont parementées de 13 rangées de blocs de granite.

La muraille de Mutianyu formait un ensemble défensif complet composé de remparts, de tours de guet, de tours d'alarme, et d'autres édifices. Cette section se dirige vers l'ouest à partir de la plate-forme de la « Passe du Milieu », escalade la montagne jusqu'au sommet, plonge ensuite dans la vallée pour remonter sur le côté opposé. L'ensemble évoquant les cornes d'un bovin, on l'appelle « le bord de la corne de bœuf ». Vers l'ouest, s'étend la muraille de l'Anneau de la Flèche qui s'élève à 1044 mètres au-dessus du niveau de la mer. Cette partie de la Grande Muraille fut construite sur des pentes vertigineuses. La muraille et les montagnes environnantes forment un superbe panorama. De célèbres photographies de la Grande Muraille ont été prises à cet endroit.

Badaling

La muraille de Badaling s'étend dans le comté de Yanqing, à une soixantaine de kilomètres au nord-ouest de Pékin. Elle fut construite sur la chaîne des monts Jundu, qui culmine à 1000 mètres au-dessus du niveau de la mer. Cet emplacement a toujours été un lieu stratégique de premier ordre. Badaling est la passe extérieure côté nord de Juyongguan, on l'appelle aussi «la Passe du Nord». C'était un nœud de communication entre Pékin, au sud, Yangkin, au nord, Xuanhua, Shangjiakou et Datong, à l'ouest, d'où son nom de Badaling, «la hauteur qui domine toutes les directions».

Badaling serpente sur une crête étroite des monts Jundu dont le point culminant se trouve à une vingtaine de kilomètres. On entre dans la citadelle qui garde la passe par deux portes. La porte de l'ouest est appelée «le verrou de la porte du Nord». Celle de l'est s'appelle «la citadelle extérieure de Juyong».

De la terrasse surplombant la porte, on aperçoit la muraille de Badaling qui serpente majestueusement sur les monts environnants.

La construction de la muraille de Badaling fut entreprise en 1505. Après de nombreux travaux de réparation et de renforcement, le chantier fut terminé en 1582. Les remparts furent bâtis en blocs de granite et les parapets en briques grises. Les blocs de pierre mesurent 0,50 mètre de large, sur 0,40 mètre d'épaisseur, sur 0,80 ou 1 mètre de longueur. Les plus gros blocs font plus de 3 mètres de long et pèsent entre 1,5 et 1,7 tonne. Le rempart fait entre 6 et 9 mètres de hauteur, parfois 14 mètres. À la base, son épaisseur est de 6,5 à 7,5 mètres. Au sommet, il fait entre 4,5 et 5,8 mètres de large. Cinq chevaux ou une dizaine de soldats pouvaient s'y déplacer de front.

La muraille de Badaling fut la première section ouverte au public, elle reste aujourd'hui la plus visitée. C'est avec ce tronçon que la Grande Muraille qui, en 1987, a fait son entrée dans la liste des sites répertoriés au Patrimoine mondial culturel de l'UNESCO.

La Porte du Nord de la muraille de Badaling.

Juyongguan

C'est l'une des plus célèbres passes de la Grande Muraille. Jadis, Juyongguan commandait les trois passes intérieures (Juyongguan, Zijingguan et Daomaguan) et protégeait le nord-ouest du territoire de Pékin. Sa topographie en faisait un lieu âprement disputé.

Cette passe est située sur un col entre de hauts sommets, à 60 kilomètres au nord de Pékin. Les montagnes entourant cette citadelle sont très escarpées. Cet ensemble fortifié garde le col et verrouille l'approche de la capitale. Deux conduits la traversent pour laisser passer les torrents. La muraille de la Passe du Nord fait 218 mètres de long. En raison du terrain accidenté, le col de Juyongguan était d'une importance stratégique considérable.

Lors des débuts de la dynastie des Ming, pour éviter un retour au pouvoir des dirigeants Yuan, l'empereur Hongwu donna l'ordre à Xu Da de reconstruire Juyongguan. Par la suite, les travaux de construction se sont poursuivis sans interruption durant toute la durée de cette dynastie ; les plus importants eurent lieu au début de la période Jingtai (XVe siècle).

En 1122, les troupes Jin réussirent à franchir la passe et, marchant vers le sud, s'emparèrent de Yanjing (aujourd'hui Pékin), renversant la Dynastie des Liao.

À la fin de la Dynastie des Jin, les Mongols occupèrent la citadelle à plusieurs reprises.

En 1209, l'empereur Shizu, de la Dynastie des Yuan, prit lui-même la tête de ses troupes et lança l'assaut contre Juyongguan ; la farouche résistance des troupes Jin ne lui permit pas de s'en emparer. Les troupes mongoles décidèrent alors de créer une diversion, firent mine d'attaquer Zijingguan et, en décrivant un cercle autour des deux préfectures de Zhuozhou et de Yizhou, réussirent à passer du côté intérieur des remparts. Pris en tenaille, Juyongguan dut capituler.

Pour renverser la Dynastie des Yuan, les troupes Ming utilisèrent également le col de Juyongguan. Après s'être emparées de la passe, elles n'eurent aucun mal à prendre Pékin. 277 ans plus tard, ce fut au tour des Ming d'être renversés. Ils le furent par des paysans insurgés, menés par Li Zicheng, qui prirent la passe d'assaut et entrèrent dans Pékin.

En dépit de son passé agité, Juyongguan a vécu des moments paisibles. Les fouilles archéologiques d'une ancienne sépulture de la Dynastie des Han orientaux, à Helinger, en Mongolie intérieure, ont mis au jour une fresque qui dépeint la prospérité dont jouissait Juyongguan à l'époque.

Au centre de la citadelle, se dresse une plate-forme de marbre blanc construite en 1345 et qui porte le nom de «Plate-forme des Nuages». Autrefois, elle était surmontée de la Tour du Croisement et du Temple de la Paix. Aujourd'hui, il n'en reste que la plate-forme. Les ouvertures et les murs intérieurs du passage voûté qui permet de la traverser sont ornés de reliefs finement sculptés. Ils représentent les différents dieux du panthéon du lamaïsme et des animaux symboliques comme des dragons. Les plus extraordinaires sont les reliefs des Quatre Grands Dieux et les inscriptions en creux d'Écritures bouddhiques comme le *Dharani* qui couvrent les deux côtés du mur intérieur. Déjà, sous la Dynastie des Jin, il y a 800 ans, Juyongguan, alors appelé «Juyong le Verdoyant», faisait partie des «Huit Sites Exceptionnels de Yanjing».

Dushikou

Dushikou se trouve au nord du comté de Chicheng, dans la province du Hebei. Un énorme rocher isolé garde la passe, d'où son nom de «la Passe du Roc Solitaire». Deux séries d'inscriptions y ont été gravées. L'une annonce «Erratique Élégance»; l'autre, «la Pierre Venue du Ciel».

La passe de Dushikou était importante sur le plan militaire dès le départ. Elle le devint encore plus après que la cour impériale eut redéployé la Garde Kaiping au sud de Dushikou, durant la période de l'empereur Xuande de la Dynastie des Ming. En 1422, toujours sous les Ming, lorsque l'empereur Yongle décida de faire campagne vers le nord pour attaquer Alutai, il choisit Dushikou pour passer ses troupes en revue et les motiver.

La citadelle de la passe de Dushikou fut bâtie en 1430 en lœss tassé. Plus tard, les parois extérieures reçurent un parement de briques grises. Sa périphérie mesure un peu plus de 3 kilomètres. L'ensemble inclut des tours de garde, des tourelles d'angle et trois portes fortifiées. La porte est fut appelée Changshengmen, «la porte de la victoire perpétuelle; la porte ouest, Changningmen, «la porte de la tranquillité perpétuelle» et la porte sud,

Yong'anmen, «la porte de la paix perpétuelle». La tour de guet qui s'élève au sud-est de la citadelle servait de caserne pour une troupe de 5600 soldats; elle abritait également l'appartement du *canjiang*.

Pendant la guerre contre le Japon, c'est aussi à Dushikou que fut organisée une cérémonie publique au cours de laquelle les généraux Fang Zhenwu et Ji Hongchang prêtèrent le serment solennel de combattre l'ennemi.

UN CENTRE DE COMMUNICATION : LA MURAILLE DE JINGXI

ZHANGJIAKOU

Zhangjiakou est situé au nord-ouest de la province du Hebei, à 200 kilomètres de Pékin. La citadelle s'élève en bordure des districts de Xuanhua et de Huairou. Elle est entourée par la chaîne de Taihang et la montagne Yanshan. Elle fait la jonction entre la Chine du Nord et la Mongolie intérieure. Elle servait de ce fait de poste-frontière protégeant la capitale. La position est encaissée et facile à défendre, d'où l'importance que lui accordaient les stratèges de l'époque. Aujourd'hui encore, elle porte le nom de «Porte Nord de la Capitale».

La forteresse de Zhangjiakou fut bâtie en 1429. D'après les archives historiques, la hauteur du mur d'enceinte mesurait une douzaine de mètres, et sa périphérie, un peu plus de 2 kilomètres. Elle possédait deux portes. La porte est portait le nom de Yongzhenmen, «la porte de garde permanente»; la porte sud celui de Cheng'enmen, «la porte de la gratitude». En 1574, la citadelle fut entièrement rénovée et ses murs extérieurs, parementés de briques. Des tourelles d'angle furent également rajoutées.

Sous la Dynastie des Ming, Zhangjiakou était une importante cité marchande, un lieu d'échanges commerciaux entre les différentes ethnies et un lieu de rencontre essentiel entre les populations paysannes et les peuples nomades du Nord.

Puis sous la Dynastie des Qing, Zhangjiakou devint «la cité du cuir et de la fourrure». Considérée comme une sorte de port terrestre, elle était le point de départ de l'ancienne et célèbre route «Zhangjiakou-Kulun» qui reliait la ville à Ulan Bator (Kulun à l'époque). Cette artère commerciale s'étendait sur plus de 1400 kilomètres. La prospérité de la ville lui valut d'être choisie plus tard comme terminal de la première ligne de chemin de fer de Chine, construite en 1909, et reliant Pékin à Zhangjiakou.

Daomaguan

On raconte que le destrier du célèbre général Yang Liulang – qui commandait les troupes de la Dynastie des Song du Nord et avait remporté de nombreuses victoires dans la guerre contre les Jin – dérapa malheureusement à cet endroit. Pour lui rendre hommage et en mémoire de la bravoure avec laquelle, obéissant à son cavalier, il avait défendu ces trois passes, l'endroit fut baptisé Daomaguan, «la Passe du Destrier qui Dérape».

Sous la Dynastie des Ming, Daomaguan était divisée en deux: la Citadelle Haute et la Citadelle Basse. La première date des débuts du règne de l'empereur Hongwu; elle portait le nom de Shangchangkou, «la passe de la ville haute». Cette forteresse a été entièrement rasée.

En 1452, la citadelle Haute devenue trop étroite pour abriter l'armée impériale, on construisit alors une citadelle en contrebas, qui fut naturellement appelée «la passe d'en bas». Aujourd'hui, la ville de Daomaguan possède une tablette de marbre blanc brisée en deux qui porte le nom de «tablette de la construction de Daomaguan». Le texte mentionne un chantier de construction entrepris en 1465 qui correspond probablement à d'importants travaux d'agrandissement du site existant. «La passe d'en bas» n'est autre que le Daomaguan actuel.

Le périmètre de la cité fortifiée de Daomaguan est de 2,5 kilomètres. Le puissant rempart est fait de lœss compressé pour le gros œuvre; un parement de briques fut ajouté sur la paroi extérieure. Trois portes donnent accès à l'intérieur de la citadelle. La passe de Daomaguan était un point stratégique essentiel du système défensif de la Grande Muraille intérieure; la citadelle jouait un rôle important pour refouler les hordes mongoles. Entourée de montagnes et de cours d'eau, elle jouissait de la protection d'une barrière naturelle tandis que sa position dans les hauteurs faisait d'elle un poste d'observation idéal pour protéger le fond de la vallée.

Zijingguan

La passe de Zijingguan faisait partie, avec Daomaguan, des trois principales passes intérieures de la Grande Muraille des Ming. Elle est située à 45 kilomètres au nord-ouest du comté de Yi, dans le Hebei. Sous la Dynastie des Song, elle devint Jinbeiguan. Son importance militaire était considérable et elle fut l'enjeu de nombreuses batailles.

Bien avant les Song, sous la Dynastie des Han orientaux, elle portait les noms de Wuruanguan et de Puyinjing. Elle était aussi la septième des huit passes de la chaîne de Taihang. En remontant dans le temps, sous les Dynasties des Qin et des Han, Zijingguan n'était qu'une modeste forteresse de terre et de pierres sèches.

Au début de la Dynastie des Ming, une nouvelle citadelle fut bâtie sur l'emplacement de l'ancienne; par la suite, durant le règne des différents empereurs Ming, cette place forte fut constamment élargie, consolidée et rénovée.

Son périmètre est d'environ 3 kilomètres et elle dispose de quatre portes principales. Un rempart fut rajouté aux portes est, ouest et sud. Le rempart de la porte nord longe la «Rivière du Cheval Robuste». Le plan de la citadelle est complexe et son agencement offre peu d'espace. Les fortifications intérieures et extérieures communiquent par un dédale de venelles formant un labyrinthe étudié pour provoquer l'égarement des ennemis.

La porte nord fut bâtie avec d'énormes blocs. Elle est située au bord de la rive sud de la rivière et s'ouvre en direction de l'est. Cette porte majestueuse est surmontée de deux tablettes de marbre blanc.

Wulonggou

Cette section de la Grande Muraille s'étend à 35 kilomètres au nord-est du comté de Laiyuan, dans le Hebei. Elle mesure 20 kilomètres de long. Le rempart en pierres est toujours en bon état et la plupart de ses parapets sont intacts. Ce tronçon comporte 54 tours de guet en briques pour les parois et en pierres pour les fondations. Les tours disposent de deux étages et un couloir voûté en briques et en pierres les traverse. La plupart ont deux portes et 12 meurtrières, et des escaliers en bois desservent les étages.

Une distance d'environ 500 mètres les sépare les unes des autres. Aujourd'hui, une bonne quarantaine d'entre elles est restée relativement intacte.

LA CHAÎNE DE TAIHANG ET LA MURAILLE DE SHANXI

Niangziguan

Cette passe importante de la Grande Muraille est située à 45 kilomètres du comté de Pingding, dans la province de Shanxi. Cette région montagneuse se trouve entre la grande plaine de la Chine du Nord et la région de Taiyuan, et les contreforts de la chaîne de Taihang dont les sommets s'élèvent à plus de 1200 mètres.

À l'origine, Niangziguan portait le nom de Weizeguan, « la passe du marais aux roseaux ». Mais on raconte qu'au début de la Dynastie des Tang, la princesse Pingyang – troisième fille de l'empereur Gaozu Li Yuan – commandait elle-même un bataillon de femmes qui gardaient la citadelle, d'où cette appellation de Niangziguan qui signifie « la passe des femmes soldats ». Puis, en 617 apr. J.-C., quand son père leva des troupes pour mener la guerre contre les Sui, Pingyang recruta des femmes en leur offrant une solde généreuse.

Un grand nombre répondit à l'appel et le régiment atteignit le chiffre de 70000 combattantes.

Plus tard, la vaillante princesse prit la tête d'un régiment d'élite qu'elle mena au nord de la rivière Weihe où elle opéra la jonction avec les troupes de son frère Li Shimin pour participer au siège de la capitale. À la mort de sa fille bien aimée, Li Yuan prit la décision d'ordonner à un orchestre de 40 musiciens de battre tambour lors de ses funérailles. À l'époque, ceci constituait un fait exceptionnel, le rituel des funérailles des femmes n'autorisant aucun accompagnement musical. Certains courtisans en firent la remarque à l'empereur qui leur répliqua : « Elle valait n'importe quel homme ! »

Niangziguan se divisait jadis en une « Passe supérieure » et une « Passe inférieure ». La passe supérieure commandait la partie orientale.

Durant la période de l'empereur Jiajing de la Dynastie des Ming, la passe et ses deux portes furent reconstruites. La porte orientale cintrée fut bâtie en briques. Au-dessus du rempart, s'élève une plate-forme protégée par un parapet. La porte sud également cintrée fut construite en pierre calcaire. On peut lire sur la tablette qui la surmonte « la Barrière de la Capitale ». Sur la plate-forme de la citadelle, s'élève le « Pavillon du Général Vétéran ». Sur les piliers de pierre de ce bâtiment, ont été gravés les deux couplets suivants : « Quelle est la plus grande de ces centaines de passes ? Des milliers de grand-rues connaissent la réponse » et « d'anciennes tours de guet devant ; des camps de chaque côté ; des montagnes verdoyantes au dehors ; une rivière limpide en contrebas. »

Yanmenguan

Yanmenguan faisait partie des trois passes extérieures de la Grande Muraille des Ming. Elle est située à 20 kilomètres au nord-ouest du comté de Dai, dans la province de Shanxi. Jadis, elle portait le nom de « Monts Juzhu » ou « Monts Yanmen ».

Les débuts de sa construction datent de la Dynastie des Tang à l'époque des Printemps et des Automnes. Appelée la « Passe de Juzhu », elle était considérée comme la première des « Neuf Plus Importantes Passes sous le Ciel ». Elle devait alors son nom à la mon-

Le mât en pierre du mémorial du temple Li Mu, à Yanmenguan, dans la province du Shanxi.

tagne voisine. Sous cette dynastie, son rôle consistait à empêcher les Tujue de lancer des attaques vers le sud.

Sous la Dynastie des Ming, les conflits entre la cour des Ming et la noblesse mongole lui donnèrent une importance accrue. En 1374, Ji'an Hou Lu Xiang déplaça l'ancien site de Yanmenguan de plusieurs kilomètres vers le nord pour fonder le site actuel.

Yanmenguan a un périmètre d'environ 1 kilomètre, le rempart fait 6 mètres de hauteur. L'intérieur est bâti en lœss tassé sur une fondation de blocs de pierre ; la paroi extérieure est parementée de briques. La passe disposait de deux portes principales, ouvrant l'une sur l'est et l'autre sur l'ouest, et d'une poterne, aujourd'hui détruite, ouvrant vers le nord. Il ne reste que les deux portes au-dessus desquelles des tablettes ont été encastrées portant des inscriptions qui soulignent l'importance stratégique de la passe : « Barrière naturelle » et « Situation favorable ».

Au-dessus des portes, s'élevaient aussi des tours détruites pendant la guerre contre le Japon.

Tout au long de l'histoire, cette passe a vu les attaques ennemies des Xiongnu, Tujue, Huihe, Xianbei, Qidan, Jurchen, Mongols et des autres minorités ethniques qui ont tenté d'investir les Plaines centrales au pied des remparts de la muraille de Yanmenguan.

En 980 apr. J.-C., Yang Ye, un général vétéran de la Dynastie des Song fut nommé au poste de *cishi*[1] de Daizhou. Alors qu'il séjournait à Yanmanguan, l'armée des Liao, forte de 100 000 combattants, lança un assaut. Yang Ye, ne disposant que de 10 000 soldats, usa alors d'une ruse : après avoir massé le gros de ses troupes

1. Gouverneur de préfecture (NdA).

devant la porte nord, il fit une sortie avec un petit nombre de soldats par la porte sud. Ignorant la composition exacte de troupes Song et craignant d'être pris à revers sous les remparts de Yanmenguan, l'ennemi prit rapidement la fuite.

Ningwuguan

Ningwuguan, maillon central des trois passes extérieures de la Grande Muraille des Ming, joua un rôle défensif d'une importance considérable à cette époque.

Située sur le piémont de la montagne Guancen, la citadelle contrôlait le vallon qui sépare le Mont du Dais, au nord, du Mont du Phénix, au sud. La rivière Hui coule au pied de la citadelle dont les ailes longent la rive.

À l'époque des Royaumes Combattants, l'empereur Wuling de la Dynastie des Zhao ordonna la construction de cette passe. Puis, sous la Dynastie des Wei du Nord, les comtés de Guanging et de Shanwu choisirent Ningwuguan comme siège de leurs gouvernements respectifs. Puis sous la Dynastie des Tang, le comté de Ningwu y fut fondé et donna son nom à la passe fortifiée.

Ningwuguan fut d'abord bâtie avec des remparts faits de lœss tassé. Puis, la citadelle fut rebâtie et rénovée à plusieurs reprises pour finalement être agrandie en 1498 par les Ming. À l'issue de ces travaux d'extension, le périmètre de la place forte atteignit 3,5 kilomètres.

En 1606, la totalité du mur extérieur du rempart fut parementé de briques grises et des tours fortifiées furent construites pour défendre les portes est et sud. La passe a la forme ovale d'un phénix, c'est la raison pour laquelle elle porte le nom de « Cité du Phénix ». Au nord de la citadelle, une haute plate-forme occupe le sommet du Mont du Dais, assurant la protection de la cité. Un bâtiment de trois étages – « le Pavillon du Dais » – s'élève sur la plate-forme.

Si Yanmenguan est célèbre pour ses monts escarpés et ses routes en lacets qui rendaient l'accès de la cavalerie difficile, Ningwuguan l'est grâce à la Hui, un torrent saisonnier. La cavalerie l'empruntait durant les périodes où elle était à sec, le passage restant fermé les autres mois de l'année.

Pianguan

Des trois passes extérieures, Pianguan était la seule protégée par le fleuve Jaune. Cette passe se trouve dans le comté actuel du même nom, dans la province de Shanxi. À l'ouest, coule le fleuve Jaune, à l'est, s'étend la plaine de Datong, au sud, les monts Guancen, et au nord, Tumochuan.

La Grande Muraille du « Mouton Blanc » qui part de Pianguan et se dirige vers l'est est l'endroit où s'opère la jonction entre la Grande Muraille intérieure et la Grande Muraille extérieure. Ensuite, la Grande Muraille unifiée poursuit sa route vers l'ouest jusqu'à la rive du fleuve Jaune.

Pianguan fut toujours un endroit stratégique et une ville de garnison. Entre l'époque des Cinq Dynasties[2] et la Dynastie des Song[3], l'endroit s'appelait « Piantousai ». Sous la Dynastie des Yuan, elle fut nommée « Pianguan ». L'ancienne citadelle de Piantouguan se trouvait au nord-est de la cité actuelle de Pianguan, dont le rempart était plus élevé du côté est, d'où son nom de Piantousai, « le Camp de Piantou ».

La passe prit son apparence définitive sous la Dynastie des Ming au terme de plusieurs phases de travaux d'extension. En 1390, Zhang Xian, le commandant de Zhanxi des Wei, installa son camp à Pianguan et y commença les travaux de construction d'une nouvelle cité. En 1429, quand le commandant de la garnison de Shanxi déplaça ses troupes de Ningwuguan à Pianguan, la citadelle de la passe s'élargit en direction du sud.

Durant l'automne 1515, l'empereur Zhengde quitta Laoyingbao, « la forteresse du vieux camp » et pénétra dans la cité par la porte sud. Au terme de sa visite, il aurait fait cette remarque : « Cet endroit est difficile à construire et encore plus difficile à protéger. »

Aujourd'hui, il ne reste que le rempart oriental sur lequel s'élève le temple Yuhuang. Il porte le nom de « Merveille du Tao » et faisait partie des huit sites extraordinaires de Piantouguan.

2. À la suite des Tang, les Cinq Dynasties (907-960) ont contrôlé les Plaines centrales (NdA).
3. De 960 à 1279 (NdÉ).

LES RÉGIONS DÉSERTIQUES ET LA MURAILLE DU NORD-OUEST

Zhenbeitai

Zhenbeitai est la plus haute et la plus puissante plate-forme de combat de la Grande Muraille. Elle s'élève à 5 kilomètres au nord de Yulin, dans le Shanxi. Elle protège la passe de Yulin de la Grande Muraille des Ming qui contrôlait le passage entre le sud et le nord. Cet impressionnant ouvrage défensif fut bâti en 1607 sous la direction de Tu Zongjun, le gouverneur de la ville de Yulin.

La partie nord-est du Zhenbeitai est connectée à un château fort qui lui est contemporain, le Kuangongcheng, «la citadelle d'octroi», que l'on appelait aussi «le Marché aux Chevaux de Hongshan». Le Kuangongcheng servait aussi bien de lieu de réunion entre les chefs des tribus mongoles et les officiels de la Dynastie des Ming que de marché aux chevaux. Zhenbeitai était la sentinelle du marché aux chevaux de Hongshan.

Ses quatre étages forment comme une pagode dont la largeur diminue au fur et à mesure qu'elle s'élève. Sa hauteur totale est de 28,5 mètres.

La plate-forme est entièrement parementée de briques grises. Chaque étage, de hauteur inégale, est protégé par un parapet crénelé. Au deuxième étage, une porte voûtée orientée au sud permet d'accéder au sommet.

Sanguankou

Sanguankou, «la triple passe», porte aussi le nom de Chimukou. Elle est située sur les contreforts des monts Helan. La chaîne des monts Helan, qui s'étend sur une distance considérable, comporte de nombreuses passes. Sanguankou est la plus remarquable d'entre elles. Les monts Helan forment un relief très escarpé, sauf dans la région du Sanguankou où le terrain devient plat. La passe gardait l'artère qui reliait, dans l'ancien temps, le plateau d'Alax à la plaine de Ningxia. La Dynastie des Ming attacha beaucoup d'importance à sa défense. Plus de 4000 soldats y furent dépêchés pour ses travaux de construction et sa citadelle servit de caserne à une garnison permanente.

En 1531, on construisit un tronçon de la Grande Muraille d'une longueur de 80 kilomètres qui reliait Sanguankou à Dababao. Par la suite, le vent du désert éroda le rempart et combla les fossés. En 1540, le préfet Yang Shouli et le commandant de la garnison Ren Jie prirent la direction de travaux de rénovation au cours desquels Sanguankou et la section nord furent rebâties. Pour renforcer le dispositif de défense, la muraille fut dotée de nombreuses triples passes.

De l'est à l'ouest, trois passes furent construites à Sanguankou.

La première était la plus importante. Aujourd'hui, il n'en reste qu'une plate-forme de terre qui occupe le sommet d'une colline au sud de la passe. En s'éloignant de la deuxième passe en direction de l'ouest, la vallée se rétrécit et se transforme en un étroit défilé bordé par des falaises. Ce lieu de passage stratégique faisait office de troisième passe.

Au moment de sa reconstruction en 1540, Sanguankou n'était plus qu'un lieu désertique sur lequel il ne restait que quelques monticules de terre et de sable. Les officiers et leurs soldats eurent pour mission de charrier de la terre des montagnes et des vallées voisines vers Sanguankou. Par ailleurs, l'eau manquant cruellement, il fallut construire des centaines de citernes et les transporter sur le chantier depuis Pingjibao situé à plus de 20 kilomètres.

Jiayuguan

Jiayuguan constitue l'extrémité ouest de la Grande Muraille des Ming. L'endroit se situe dans la banlieue de la cité de Jiayuguan, dans la province de Gansu. Cette passe qui verrouillait le Corridor de Hexi était un point stratégique majeur de l'ancienne Route de la Soie.

Jiayuguan marque l'extrémité occidentale de la Grande Murai le des Ming.

Dès la Dynastie des Han, la muraille y fut construite mais, en tant que passe, son rôle fut bref.

En revanche, en 1372, le général Feng Sheng de la Dynastie des Ming occupa le Corridor de Hexi et considéra qu'étant entouré de montagnes et de rivières, l'endroit serait idéal pour y construire une passe. Il suggéra donc à la Cour impériale de privilégier Jiayuguan à Dunhang comme site pour y faire passer la Grande Muraille.

Jiayuguan a une citadelle intérieure et une citadelle extérieure. La citadelle intérieure

occupe le centre de la passe. Elle forme un ensemble trapézoïdal dont le côté ouest est plus long que le côté est. Son périmètre est de 640 mètres ; sa surface au sol est de 25 000 mètres carrés. De 1372 à 1538, pendant plus de 160 ans, Jiayuguan fut un chantier permanent, devenant au fil des années une passe pratiquement imprenable.

À l'extérieur, un ensemble de redoutes et de bastions furent reliés aux remparts de terre des côtés sud, nord et est, formant ainsi les remparts de la citadelle extérieure d'un périmètre de 1263 mètres.

À l'intérieur, Jiayuguan est protégée par une dizaine d'ouvrages défensifs, comme des remparts crénelés, des tours de guet, des tours flanquantes, des échauguettes, des barbacanes et des ponts-levis. Sur les parties nord et ouest de la citadelle, deux pavillons, le « Guanghualou » et le « Rouyuanlou » furent érigés en 1506. Faits de bois, hauts de trois étages et recouverts par un toit en pente, ces pavillons sont entourés d'une galerie. La porte ouest sert d'entrée principale. En 1495, la tour de la citadelle de Jiayuguan fut montée dans le même alignement que les tours des portes est et ouest. Vers la fin de la période de l'empereur Tongzhi de la Dynastie des Qing, le célèbre général Zuo Zongtang, commandant la garnison de Suzhou, fit réparer le rempart et la tour, puis poser une tablette portant l'inscription : « La Première Passe Imprenable Sous le Ciel. »

Yumenguan

Yumenguan, « la passe de jade », était l'une des passes cruciales de la Grande Muraille des Han, située dans une zone désertique. Le célèbre jade de Hetian, qu'il fallait offrir comme tribut à la cour impériale, transitait par Yumenguan, d'où le nom de cette passe. On peut citer deux vers composés par Wang Zhihuan, le grand poète de la Dynastie des Tang : « La flûte de Qiang n'a nul besoin de chanter le Saule Pleureur car Yumenguan intercepte le souffle de la brise printanière. »

La construction de Yumenguan fut entreprise sous le règne de l'empereur Wu de la Dynastie des Han. Yumenguan devint l'une des artères menant aux régions occidentales et un lieu obligatoire de passage de la Route de la Soie. Elle joua de ce fait un grand rôle dans la promotion des échanges commerciaux et culturels entre la Chine et les pays étrangers. La soie, les outils de fer, les bijoux en or et en argent des Plaines centrales traversaient cette passe vers les pays occidentaux, tandis, qu'en sens inverse, fruits et légumes, mais aussi religions et cultures occidentales transitaient vers les Plaines centrales.

Après les Dynasties des Wei et des Jin, l'état de guerre permanent entre les dynasties méridionales et septentrionales eut des conséquences désastreuses sur la Route de la Soie. Celle-ci se désertifiant, Yumenguan fut, du même fait, abandonnée. Sous la Dynastie des Tang, la voie d'accès aux régions occidentales passait alors par Anxi et Hami.

Par la suite, la Yumenguan de la Dynastie des Han ne fut plus qu'un souvenir mystérieux. À l'issue de nombreux travaux de recherche, les archéologues chinois et étrangers finirent par conclure, à la lecture de rouleaux de bambou qui portaient des mots comme «Yumen Duwei», que l'édifice qui porte le nom de «Petite Citadelle Carrée» devait à l'origine faire partie de l'ancienne Yumenguan.

Les remparts de cette citadelle sont assez bien conservés encore aujourd'hui.

Yangguan

Yangguan était une passe importante de la Grande Muraille des Han. Elle se trouve dans le comté de Nanhu. Elle faisait partie des passes gardant la Route de la Soie, ce qui lui donnait une position importante à l'époque.

D'après les archives historiques, Yangguan se trouvait au sud de Yumenguan. Dans la culture chinoise, le sud appartient au *yang* et le nord au *yin*, d'où le nom de cette passe. À propos de Yangguan, on peut citer les vers célèbres composés par Wang Wei, grand poète de la Dynastie des Tang: «Attend un peu, mon ami, et bois encore un coup; quand on quitte Yangguan en direction de l'ouest, les bons amis se font rares.»

Yangguan a une longue histoire. Les récits historiques des Dynasties des Han, des Wei, des Jin et des Tang mentionnent déjà cet ouvrage bâti par les Dynasties des Jin et des Wei occidentaux.

Sous la Dynastie des Tang, au moment de la fondation du comté de Shouchang, Yangguan survivait encore mais le nom disparut rapidement des archives historiques. Les guerres incessantes et le défrichement massif des terres arides finirent par avoir raison de la couverture végétale environnante et eurent pour conséquence d'assécher les sources d'eau rendant la vie très difficile dans un environnement aussi hostile.

Au cours de la Dynastie des Song, Yangguan, complètement abandonnée par les hommes, fut reconquise par le désert.

Aujourd'hui, elle se résume à une tour d'alarme datant de la dynastie des Han perchée au sommet du mont Dundun. Les gens de la région ont surnommé l'étendue de sable et de gravier qui se trouve au pied de ce mont «la Plage aux Antiquités». Il y a peu, on pouvait encore ramasser, en très grand nombre et en surface, des vestiges, comme des pièces de monnaie anciennes, des armes, des médailles, des tessons, dispersés sur plus de 10 000 mètres carrés.

En 1972, une mission d'exploration archéologique a révélé près de cet endroit la présence d'une ancienne cité couvrant plus de 10 000 mètres carrés, en plein désert, à l'ouest de «la Plage aux Antiquités». La campagne de fouilles a mis au jour les vestiges de maisons parfaitement alignées et des fondations de remparts de terre d'épaisseur et de largeur variées. Parmi les artefacts, figuraient des Zhu Wu[4], des pointes de flèches en bronze, des tessons de poterie grise, tous datant de la Dynastie des Han.

Aujourd'hui, on y distingue encore les traces de cours de fermes, de fours à briques, de fossés d'irrigation et de maisons.

4. Les Zhu Wu ou Cinq Zhu étaient des pièces de monnaie qui existaient sous la Dynastie des Han. Elles pesaient cinq zhu, étaient rondes et percées en leur centre d'une forme carrée.